東大卒キックコーチが教える

本当に正しい
キックの蹴り方

著 **田所剛之**
キック専門トレーニング
Kicking lab主宰

日本文芸社

はじめに

　はじめまして。キックコーチとして活動しているKicking labの田所剛之と申します。

　僕はこれまでにのべ1000人以上の選手にキックを指導してきました。

　その中で様々な悩みを抱えている選手と接してきましたが、それらの悩みはキックに関して間違った認識を持っていることが大きな原因となっていることがほとんどです。

　例えばよくある例で言うと、強いシュートを打つ時には膝下の振りを速くするとか、蹴った後は体ごと前に進むべきといったポイントです。これらは一般的な指導現場でもよく聞きますし、トップ選手のフォームを見るとその通り

になっていることも多いかもしれません。

　ただし、上手い選手の動作において見た目として現れている現象を我々が真似したとしても、同じようなパフォーマンスを出せることはほとんどありません。それは、目に見えてはっきりと見えている現象の裏にはそれを支える前提が必ず存在しているからです。

　よって、キックのパフォーマンスを改善するためには表面的に現れる重要そうなポイントではなく、根底にある要点をしっかりと理解して実行することが必要不可欠になります。

　そこで、本書ではキックの正しい認識、理論的背景をお伝えします。

　そのためこの本はこれをやれば意識すればうまくなる！　というような内容ではなく、良いキックとはどのようなものかを理論的にひたすら深掘りしていく内容になります。

　理論的とはいえあまり難しくない内容に絞って実践的なイメージを多数交えながら解説しているので、あまり気を張らずに気軽に読み進めて頂ければと思います。

　本文の構成としては、第1章でキックについて考える上で必要な知識や考え方をまとめて紹介しており、第2章以降は様々な目的、球種に応じたポイントを解説しています。

　第1章だけでは難しいと感じた場合でも読み通した上で再び読んでみるとより理解が深まるかと思いますので、適度に読み飛ばしながら徐々に理解を深めて頂ければと思います。

CONTENTS

第1章
キックを考える上での前提

キックの定義
キックとは蹴り足をボールに衝突させる運動である —————— 10

キックの正しい考え方
ボールに加えるべき力から逆算してフォームを考える —————— 12

ボールの軌道を決める3要素
速さ、回転、打ち出し角度がボールの軌道を決める —————— 14

打ち出し角度を決める要因
打ち出し角度は蹴り足を当てるボールの位置のみで決まる —————— 16

速さと回転を決める要因
ボールの速さと回転はトレードオフの関係 —————— 18

回転による軌道の変化
回転数と球速の両方で軌道の変化率が決まる —————— 20

キックの局面分け
助走→軸足の踏み出し→軸足接地→インパクト —————— 22

接地時間と球速（仮説）
ボールとの接地時間が伸びると球速がupする？ —————— 24

まとめ —————— 26

第2章
球速を高める

球速を最大化するには？
蹴り足を最大限加速させる＋蹴り足を"重く"する —————— 28

蹴り足を加速させる方法①
助走で大きなエネルギーを生み出す —————— 30

短時間で強いキックを蹴る方法
軸足を踏み出す一歩だけで身体を効率良く加速させる —————— 32

蹴り足を加速させる方法②
軸足でブレーキをかけることでエネルギーを伝達する ——————— 34

軸足のブレーキをかける方法
軸足のすねの角度を後ろに倒し後ろ方向に地面を押す ——————— 36

ブレーキをかけるもう一つのメリット
軸足のブレーキはインパクトの質の向上にも貢献する ——————— 38

全力疾走でうまく蹴れない理由
不十分なブレーキではエネルギー伝達効率が大きく低下する ——————— 40

トップ選手の軸足はアクセル?
必ず軸足でブレーキをかけた後に身体が前に出て行く ——————— 42

蹴り足を加速させる方法③
蹴り足側の骨盤を引き上げて回りやすい状態を作る ——————— 44

骨盤を引き上げるもう一つのメリット
蹴り足をまっすぐ振り抜くスペースを確保できる ——————— 46

蹴り足を加速させる方法④
中心から末端へエネルギーを伝達するムチ動作を利用 ——————— 48

膝下の振りは速くすべき?
膝下の振りの意識は自然なエネルギー伝達を阻害する ——————— 50

蹴り足が重いとは?
蹴り足に力を加えても動きにくい状態 ——————— 52

蹴り足を重くする方法
足首を伸ばし切る+軸足側の骨盤が高い状態を作る ——————— 54

軸足は抜く?
骨盤の傾きを入れ替えた結果そう見えるだけ ——————— 56

まとめ ——————— 58

第3章
飛距離を伸ばす

飛距離を最大化するには?
速いボールで打ち出し角度を大きく蹴り出す ——————— 60

ボールに加えるべき力
ボールの下側を斜め上方向に蹴り上げる ——————— 62

斜め上向きに力を加える方法
身体よりも前でボールにインパクトする ———————————— 64

身体の前でインパクトする方法？
軸足をボールよりも後ろに置く方法では高さ調節が困難 ———— 66

身体の前でインパクトする方法
軸足はボールの真横に置いて身体を後ろに残す ——————— 68

蹴り足が地面に突き刺さる？
蹴り足が二重振り子のように動くことで回避可能 —————— 70

蹴り足の面の作り方
蹴り足の面は真横に向けてボールの真下に潜り込ませる ——— 72

蹴った後に蹴り足が内に入る理由
股関節の動きで蹴り足の運動方向を調節する ——————— 74

向かい風が強い時のロングキック
低めの球筋で速くて回転数が少なめのボールを蹴る ————— 76

まとめ ———————————————————————————— 78

第4章
インサイドキック

理想のインサイドキックとは
球速が速い。浮かない。横回転がかからない ——————— 80

ボールに加えるべき力
ボールの真ん中にインパクトし振る方向で回転を調節 ———— 82

蹴り足の面の作り方
股関節の開き幅を小さくするために骨盤を後ろに引く ———— 84

膝下の振りを使うメリット①
蹴り足を効率良く加速することができる ————————— 86

膝下の振りを使うメリット②
軸足の位置を変化させても綺麗に蹴ることができる ————— 88

軸足の位置
軸足はボールより手前もしくは横方向に外して置く ————— 90

蹴り足のインパクト位置
かなりかかと寄りの内くるぶしの下辺りの位置 ——————— 92

ボールの蹴り分け

ボールを蹴り出す方向に対して適切な骨盤の角度を作る —————— 94

まとめ ————————————————————————————————— 96

第5章
無回転と縦回転

ボールに加えるべき力

ボールの下側に斜め上方向の力を加える ————————————— 98

斜め上方向への力の加え方

骨盤を後ろに引くことで振り子の支点を後ろに下げる ————————— 100

蹴り足のインパクト位置

インサイドとインステップの間の辺りでインパクト ————————— 102

押し出す？擦り上げる？

蹴り足の自然な振り子運動を利用する ————————————— 104

インステップ型の無回転ボール

身体を後ろに残しつつ足首を伸ばし切ってインパクト ————————— 106

蹴り足のインパクト位置

一般的なインステップよりもつま先寄りの位置 ————————————— 108

まとめ ————————————————————————————————— 110

第6章
カーブの蹴り方

ボールに加えるべき力

ボールの中心から横に外れる方向に力を加える ————————————— 112

力を左右に外す方法

蹴り足の内側にインパクトして蹴り足を自然に振る ————————————— 114

カーブは腰の捻りで蹴る？

上半身の捻りで骨盤を止め蹴り足のムチ動作に繋げる ————————— 116

曲がって落ちるキック

身体を後ろに残しながら蹴り足を外方向に振る ————————————— 118

まとめ ————————————————————————————————— 120

第7章
低弾道の蹴り方 ——————————————— 121

ボールに加えるべき力
ボールの中心近くに斜め下方向の力を加える ——————— 122

低弾道の蹴り方①
軸足を奥に置くことで振り子の支点を前に持ってくる ——————— 124

低弾道の蹴り方②
軸足を真横に置き骨盤を落とす動きを使って振り下ろす ——————— 126

実践的な意識付け
蹴り足をボールよりも前の地面に落としに行くイメージ ——————— 128

まとめ ——————————————— 130

第8章
ふんわり落とすボール ——————————————— 131

ボールに加えるべき力
ボールの下側に水平方向の力を加える ——————— 132

飛距離の調節
助走で生み出すエネルギーの量で調節する ——————— 134

動作のタイミング
動作の相対的なタイミングを合わせることで精度が向上 ——————— 136

蹴り足を止める?
蹴り足の振りが斜め下に向くことで速度低下、回転増加 ——————— 138

まとめ ——————————————— 140

モデル紹介・撮影場所 ——————————————— 141
おわりに ——————————————— 142

第**1**章

キックを考える上での前提

キックとは蹴り足をボールに衝突させる運動である

この本では様々なキックの蹴り方を論理的に追求していきますが、そもそもキックとはどういう動作であるかを最初に定義しておきましょう。

ここでは、ボールを蹴る動作という最も単純な定義ではなく、一歩踏み込んで**ボールと蹴り足の衝突である**と定義します。

衝突問題は高校物理においても頻出問題ですがその内容は非常に単純です。物体Aに物体Bをぶつけることを考えると、物体Bが重いor速いほど物体Aには大きな力が加わりスピードを持って飛んでいく、また物体A、物体Bの運動方向が変わると衝突後の各物体の運動方向も変わるといったものです。

ここで抑えておきたいのが、**衝突後の挙動は衝突の瞬間の2物体の動きのみで決まる**ということです。つまり、衝突の瞬間までに2物体がそれぞれどのような動きをしていようが、ぶつかる瞬間に同じ動きをしていたとすればぶつかった後の2物体の挙動は同じようになるということです。

これをキックに置き換えて考えると、インパクト後のボールの挙動を決めるのはインパクトする瞬間のボールに対する蹴り足の速さ、運動方向ということになります。

もう一度強調しますが、インパクト瞬間の蹴り足の動きのみが影響し、そこまでの運動はボールの挙動には影響しません。

⋙ 衝突問題としてのキック

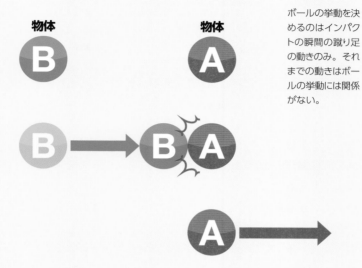

ボールの挙動を決めるのはインパクトの瞬間の蹴り足の動きのみ。それまでの動きはボールの挙動には関係がない。

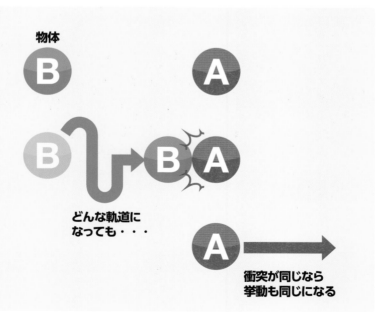

どんな軌道になっても・・・

衝突が同じなら挙動も同じになる

ボールに加えるべき力から 逆算してフォームを考える

キックに関するポイントとして よく取り上げられることには、 上半身と下半身を連動させて使う、 膝下の振りを速くする、足のここに ボールを当てるなどがあります。こ れらはすべてキックを蹴る選手の動 作についての情報です。

　キックの目的は良い身体の使い方 をして綺麗なフォームで脚を振り抜 くことではなく、意図した軌道にボ

▶▶▶ 一般的なアプローチと本書でのアプローチ

一般的なアプローチ

ールを乗せることにあります。そして、前頁で述べた通りボールの軌道を決めるのはインパクトの瞬間の蹴り足の運動のみであり、そこまでのキックフォームはどうでも良いのです。これがトップレベルの選手でも人によって大きくフォームが異なる理由です。インパクトの瞬間に同じ運動ができていればそれまでの過程は全く関係ありません。

　力学的に考えると、運動は力を加えられない限りは変化しないので、ボールに加えるべき力から逆算していくというのが極めて自然なアプローチなのですが、一般的なアプローチはその真逆で身体の効率的な使い方からキックのフォームを決めていくという方法を採ります。このズレにより目的としている軌道を実現するのに必要なボールへの力の加え方ができずに良いボールが蹴れていない事例は多々あります。この一冊を通してキックの正しいイメージを掴んで頂ければ幸いです。

一般的なアプローチでは、身体の使い方から理想のフォームを決める。ボールに加えるべき力からフォームを決めていくのが本質的なアプローチ。

逆算的なアプローチ

速さ、回転、打ち出し角度が ボールの軌道を決める

良いキックを蹴るためには、意図した軌道を実現できるようにボールに力を加えることが必要ということはお分かり頂けたと思います。では、もう一歩踏み込んで意図した軌道の実現のための力の加え方をどのように決めれば良いのかを掴むために、ボールの軌道を決める要

≫≫ 速いシュートの要素 ※詳しくは2章をチェック

①速度 ▶▶▶ 最大
②回転 ▶▶▶ 少
③打ち出し角 ▶▶▶ 低

素について考えてみましょう。

　ここでは、その要因を**速さ、回転、打ち出し角度の３つ**と定義します。速さ、回転についてはイメージ通りかと思いますが、打ち出し角度も非常に重要な要素になります。ここで言う打ち出し角度とは蹴り出し方向に対して横から見た時のボールの初速度の地面からの角度になります。

　これらの３つを組み合わせることで様々なボールの軌道を実現することができます。詳しくは後述します

が、例えば速いシュート［速度：最大］［回転：少］［打ち出し角度：低］に対して、ロングキックは［速度：大］［回転：適度なバックスピン］［打ち出し角度：高］といった具合です。そして、それぞれの要素を決める要因を知ることで実現したい軌道のためにどのように力を加えなければならないかを理解することができます。ここからは、それぞれの要素を決める要因を具体的に考えていきます。

≫ ロングキックの要素　※詳しくは3章をチェック

①速度 ▶▶▶ 大

③打ち出し角 ▶▶▶ 高

②回転 ▶▶▶ 適度なバックスピン

打ち出し角度を決める要因

打ち出し角度は蹴り足を当てる ボールの位置のみで決まる

▶▶▶ インパクト位置と打ち出し角度

同じ方向に力を加えた際の軌道の違い。
青矢印の角度でボールの軌道が決まる。

ボールの下に当てる

ボールの下に当てると高く打ち
上がる

ボールの中心に当てる

水平に近づくと低くなる

まずは、打ち出し角度について です。経験的にボールの下を 蹴るほど上に浮く傾向があり上を蹴 るほど低く、上を蹴りすぎるとボテ ボテのボールになるというイメージ があるかと思います。これを力学的 に正確に表現してみましょう。先に 結論を言っておくと**ボールに対して どこに足を当てるかのみによってボー ルを打ち出す角度が決まります。**

　ここでは、蹴り足の軌道、ボール に加わる力は常に水平方向でボール と蹴り足が接触する位置のみが変化 するとして考えます。ここで登場す る図はボールを蹴り出し方向に対し て真横から見た図になります。

　まず、ボールの下を蹴る場合につ いてです。ボールは打ち出し角度に 加えて速さと回転という２つの特徴 量を持っていますが、それぞれに寄 与する力の成分は加えた力の矢印を ボールの中心に向かう成分とそれに 直行する成分に分けることで求めら れます。言葉で表現すると難しいで すが、図のように直感的な作図法を 掴んで頂ければ問題ありません。**接 触点から中心に向かう矢印の角度が 打ち出し角度に相当します。**

　ボールの下に当てる場合は、斜め 上を向いているのでボールは浮きま す。一方で、ボールの上を叩くほど ボールの打ち出しは水平に近付き、 中心より上を捉えると下に向くので いわゆるボテボテのボールになるこ とが分かります。

➡ (灰)	実際にボールに加えた力
➡ (薄灰)	ボールの軌道を決める成分
➡ (黒)	ボールの回転を決める成分

ボールの上に当てる

ボールのさらに上から当てると地面 に叩きつける形になる。

速さと回転を決める要因

ボールの速さと回転は
トレードオフの関係

▶▶▶ 速さと回転のトレードオフ

加えた力は速度と回転に分配される。ボールに加える力の方向（赤い矢印の方向）により回転と速度の比率が決まる。中心に近いほど速度大、外れるほど回転大。

速度最大・回転小

速度平均・回転平均

続いて、速さと回転についてです。先程と同じ図を用いて考えてみましょう。今度はボールを蹴る位置をボールの真ん中より少し下に固定して加える力の向きを変えて比較してみます。

それぞれについて先程の方法で矢印を書き込んでみると、先述の通り打ち出し角度は全ての場合において共通になることが分かるかと思います。一方で、速さと回転に寄与する成分の矢印の大きさを比べてみるとボールの中心に向かう力の加え方をした場合に速度最大、回転最少になり、そこから外れるに従って回転が増え速度は落ちていることが分かります。

つまり、ボールの速さと回転はトレードオフの関係にあり、速さが増えると回転が減って、回転が増えると速さが減ってしまいます。そして、この速さと回転の比率を決めているのは力を矢印として表現した際にその矢印がボールの中心に向かう角度からどれだけ外れているかになり、外れる方向によって回転の方向も決まることになります。現在は真横から見た図のみを考えていますが、真上から見た図を考えれば横回転にもこの考え方を応用することができ、ボールの中心から外れるほど横向きの回転が増えて速度は落ちることになります。

→ 実際にボールに加えた力
→ ボールの軌道を決める成分
→ ボールの回転を決める成分

速度最小・回転最大

回転による軌道の変化

回転数と球速の両方で軌道の変化率が決まる

回転がボールの軌道に与える影響は、マグヌス効果と呼ばれる流体力学における有名な現象で説明できます。

深入りはしませんが、ボールの周りの空気の流れが変化し気圧差が生じることにより、進行方向に揚力（ようりょく）と呼ばれる垂直な向きの力が生じるというものです。

具体的に言うと、バックスピンであれば浮き上がる向き、トップスピン（順回転）であれば落ちる向きに揚力が働きます。横回転であれば回転する方向に向かって曲がっていくように揚力が働きます。

そして、この**回転により働く揚力は回転数が増えるほど大きくなります**。そのため、ボールに変化を付けたい場合には回転数を上げることが一つのアプローチとなります。例えば、カーブのFKを鋭く曲げたいと考えた時に横回転を増やすというのは妥当な選択に見えます。しかし、

先述の通り回転数を上げると速さが落ちてしまうので曲がりはするもののゴールを決めるのは難しいというのはよくある話です。

そこでスピードを増やして横回転を減らすというアプローチを取った場合にカーブ系の変化が小さくなるかというと必ずしもそうとは言えません。それは、**マグヌス効果による揚力は同じ回転数であっても速さが大きいほど大きく働く**からです。

つまり、少しの回転数でもその分スピードを速くしていくことで意図した変化を出すことができるため、目的に応じた調節が必要になります。

>>> マグヌス効果による軌道の変化

バックスピンの場合

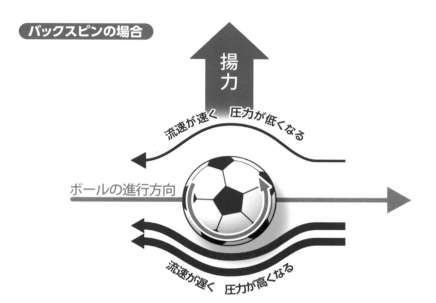

揚力

流速が速く　圧力が低くなる

ボールの進行方向

流速が遅く　圧力が高くなる

トップスピンの場合

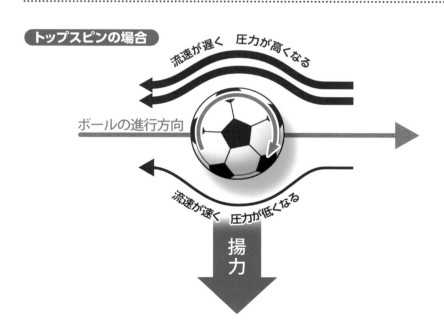

流速が遅く　圧力が高くなる

ボールの進行方向

流速が速く　圧力が低くなる

揚力

▶▶▶ 一連のキック動作

①助走　　　　　　　②蹴り足から軸足への最後の一歩

キックの局面分け

助走➡軸足の踏み出し➡軸足接地➡インパクト

ボ ールに向かう助走からインパクトまでの一連のキック動作を分析するにあたって、重要になるイベントを挙げておきます。とても当たり前に感じるかもしれませんが、実際に指導する選手にこのようなキックのイベントの定義をしてもらうと選手によって違いが出て、選手毎のキックへの認識が見えます。この後の説明を理解しやすいようにここ

③軸足接地　　④インパクト

で定義しておきます。

①助走→②蹴り足から軸足への最後の一歩→③軸足接地→④インパクト

この流れを抑えた上でみなさんがこれまでに受けてきたキックの指導で聞いたポイントや自分でポイントだと思っているものがどの辺りに入るかを考えてみてください。インパクトの仕方や腕や脚の振り方など軸足を接地してから後のものがほとんどではないかと思います。軸足を置く位置や蹴り足から軸足へと踏み出す一歩の歩幅、出し方、その前の助走についてなどはあまりはっきりしたものがないのではないでしょうか。

再三述べている通り、キックの動きはボールに加える力から逆算的に決まっていくべきものであり、入りを間違えばその後いくら頑張っても目的となる軌道は達成できないということがあり得ます。**インパクトの瞬間さえ目的に合っていれば良いとはいうものの、その目的を達成しやすいようにその前段階を構成していくことが重要です。**

ボールとの接触時間が 伸びると球速がupする?

最初にキックとはボールと蹴り足との衝突であると定義し、衝突後の物体の挙動は衝突直前の関係によって決まると述べました。これは正しいのですが、より正確に表現すると衝突後の軌道は2物体が与え合う力に時間を掛けた力積という値によって決まります。

つまり、ボールと蹴り足が衝突する際に与える力を大きくすることに加えてボールと蹴り足が接触する時間を長くすることによってもボールにより大きな速度を与えられる可能性があります。

しかし、注意しなければならないのは接触時間が伸びるということは同時にボールの歪みが大きくなると

いうことです。ボールを蹴る瞬間の写真を見ると、ボールが大きく凹んでいることが分かりますが、このボールの変形により蹴り足からボールに伝達したエネルギーが一部失われてしまいます。この変形により失われるエネルギーの影響と接触時間が増えることによる力積の増加の影響は正反対の影響を持つのでどちらが大きいかにより結果は変わってきます。

ただ、現在のところ自分の能力では具体的に計算して見積もることはできず、そのような内容の研究も特に見当たらないため、仮説として紹介するに留めておきます。

インパクトの瞬間のボールの変形

インパクトによりボールは大きく凹む。接触時間が伸びるとボールを加速させる力は大きくなる反面、凹みによるエネルギーロスも考えられる。

まとめ

ボールの軌道を決める3要素

1. 速さ　　2. 回転

➔ ボールに加わる力がボールの中心からどれだけずれるかで2つの比が決まる

3. 打ち出し角度

➔ 蹴り足を当てるボールの位置のみで決まる

➡ 実際にボールに加えた力
➡ ボールの軌道を決める成分
➡ ボールの回転を決める成分

第**2**章

球速を高める

蹴り足を最大限加速させる＋蹴り足を"重く"する

本書ではキックとはボールと蹴り足との衝突であると定義したので、まずは衝突問題としてボールを速く蹴り出すための方法を考えてみましょう。

第1章でも述べた通り、速い物体もしくは重い物体をぶつけることによってもう一つの物体をよく加速させることができるので、**蹴り足をできるだけ加速させた上で、"重い"状態でぶつけることによってボールの速度を上げることができます**。蹴り足を加速させることに関しては問題なく理解できるかと思いますが、蹴り足の"重さ"についてはその人の足の重量は変わらないのにどのように変化させるのか疑問を抱かれるでしょう。この点についてはこの章の後半部分で詳しく解説します。

また、力の加え方についても考えてみましょう。第1章で回転と速さはトレードオフの関係にあり、速さを最大化するためには回転を減らす必要があると述べました。よって、理論的には**インパクトの瞬間の蹴り足の速さが同じ場合、無回転のボールが最速**ということになるので、狙いたい高さに応じたボールの位置をできる限りボールの中心に向かうように蹴ることが必要になります。

この章では、力の加え方、回転は無視して蹴り足を最大限加速する方法と蹴り足を"重く"する方法を解説します。

>>> 衝突後の物体の速さを決める要因

ある物体を加速させるには
速い物体もしくは重い物体
をぶつけることが必要。

物体　　　　　　**物体**

衝突前　　B　　　　A

衝突　　B　スピードが速い → A

衝突後　　　　B A　スピードが速い →

重い物体

衝突前　　B　　　　A

衝突　　B　→　A

衝突後　　　B A　スピードが速い →

蹴り足を加速させる方法①

助走で大きな エネルギーを生み出す

理 想的なキックを決めるにはボールに加えるべき力から逆算するしかないと言いましたが、ここでは一旦ボールに加える力は無視し ているので、キック動作を時系列で見てポイントを整理していきます。

まず、最初の助走についてです。蹴り足を加速させるとは、言い換え

OK 助走で大きなエネルギーを生み出す

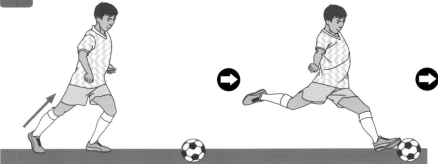

NG 筋肉で頑張ってしまう助走

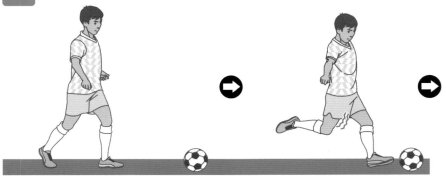

ると蹴り足のエネルギーを高い状態にすることになります。そのためには、まずどうにかして大きなエネルギーを生み出す必要があります。**エネルギーの生み出し方には大きく分けて2種類あって、「地面を押すことで得るもの」と「筋肉で頑張って体内で生み出すもの」があります。**当然両方とも最大限有効活用することが必要ですが、前者をうまく使えるかは技術的に大きな差になり得ます。そして、この地面を押すことでエネ

ルギーを生むのが助走です。

　実際にキックを指導していると特にサッカーを始めたての子供などは助走のエネルギーが不足していることで無理矢理体の力で蹴ろうとしてうまくいかないという現象が起こりがちです。また、ある程度熟練している選手であってもこの助走における加速の能力を高めることでキックのパフォーマンスを向上させることが可能です。これについては次の頁で詳しく説明します。

地面から効率良く力をもらってエネルギーを生む。

無駄な力みに繋がり。外見上も動作がぎこちなくなりやすい。

短時間で強いキックを蹴る方法

軸足を踏み出す一歩だけで 身体を効率良く加速させる

助走でしっかりとエネルギーを生み出す、助走で十分なスピードを得ると聞くと試合中にそんなことをしているスペースも時間もな

いと思われるかもしれません。

しかし、ここで言う助走での加速とは何mもの距離を全力で走るといったものではなく、**蹴り足から軸足へ**

NG 数歩余計にかかってしまう助走

OK 一歩で効率良く加速する助走

と踏み出す最後の一歩のスピードをできる限り速くすることを指します。

　もちろん長い距離を走ってきて最後の一歩を踏み出すのが最も簡単な方法ではあるのですが、同程度加速するために必要なスペース、時間を少なくできるとキックのパフォーマンスとしては相当高いものになるので、キックのパフォーマンスには加速能力が密接に関わります。 例えば、ボールを自分で少し横に流してすぐにシュートを打つという状況の時、トップ選手は一

歩ですぐにシュートフォームに入れますが、カテゴリーが落ちると無意識にその場で2,3歩踏んでしまうようなことが起こります。トラップしてから打つまでを速くするために、とにかく短時間で打つように反復練習する選手をよく見かけますが、本質的な問題は加速能力の欠如や加速しやすい体勢を作れていないことにあることが多いので、キックのパフォーマンスを向上させるためにより基本的な加速にフォーカスするのは有効です。

加速能力の欠如により十分なエネルギーを生み出すのに時間を要する。

一歩だけで効率良くエネルギーを生み出すことで素早くシュートが打てる。

蹴り足を加速させる方法②

軸足でブレーキをかけることで
エネルギーを伝達する

速いボールを蹴るには蹴り足のエネルギーを大きくすることが必要なので、助走でエネルギーを生み出したら蹴り足へと移動させていくことが必要になります。

そのためにはまず身体を軸足で止めることが必要になります。ここで鍵になるのが慣性の法則です。

電車や車に乗っていると普通に走っている間は特に何も起こりませんが、急ブレーキを踏んだ瞬間に身体が前に大きく投げ出されるようになる現象をキックで利用します。

つまり、**動いている身体の軸足側だけに急ブレーキをかけて蹴り足側の身体が前に投げ出されるような形を作る**というイメージです。より具体的に言うと、軸足と蹴り足を繋いでいるのは骨盤なのでこの骨盤を通してエネルギーの伝達が起こることになり、軸足側の骨盤を急激に止めることで逆側、つまり蹴り足側の骨盤を大きく加速させることになります。

軸足でブレーキをかけることでせっかく生み出したエネルギーがまた減ってしまってもったいないと思われるかもしれませんが、実際には**一部を止めることで別の部位が加速されるという現象**が起こります。この加速させて止めるプロセスを繰り返すことで最終的に蹴り足を最大限加速させることが可能になります。

慣性の法則・電車の急ブレーキの例

電車や車で急ブレーキがかかると体は進行方向に投げ出されるようになる。

軸足のブレーキによる骨盤の動き

軸足で急ブレーキをかけることにより、蹴り足側の骨盤が前に出るように加速される。

急ブレーキ!

軸足のすねの角度を後ろに倒し
後ろ方向に地面を押す

　れでは、軸足で身体を止めるためにはどのようにすれば良いのでしょうか。一般に動いている物体を止めるには進行方向に対して逆向きの力を加えることが必要です。

軸足で身体を止めることを考える場合には、軸足で後ろ方向の力を発生させることが必要になります。そして、加速のパートで地面を押すことにより生み出す力を活用することが

OK 効率良く減速できる軸足のすねの角度

すねが後ろに倒れることで地面からもらえる力が進行方向逆向きに向く。

重要と述べましたが、ここでも同様に地面を軸足で後ろ向きに押すことで身体にブレーキをかけることが重要になります。

そこでポイントになるのが軸足のすねの角度です。地面からの力は基本的にすねの角度に一致すると見て良いので、**軸足のすねの角度を後ろに倒すことによって後ろ方向の力を地面からもらいやすくなり、効率の良い減速が可能になります。**また、実際の試合で起こるキックでは助走の方向と蹴り出し方向に角度がある場合も多く、この場合には前方向の動きを止めるだけでなく横方向の動きを止めることも必要になります。この場合には、横方向の動きに対して進行方向と逆向きの力を加えないといけないので軸足が斜め横に倒れることになります。キックのパフォーマンスには加速能力が影響すると既に述べましたが、減速の能力はそれ以上に重要です。キックのパフォーマンスを高めるには、細かい技術的な話をする以前にまずは基本的な加減速の能力が必須になります。

NG 減速が難しい軸足のすねの角度

軸足が前に倒れる（膝が前に出る）と地面からの力はブレーキに作用せず、筋肉で頑張って止めることが必要になる。

ブレーキをかけるもう一つのメリット

軸足のブレーキはインパクトの質の向上にも貢献する

軸足で身体を止めることには、蹴り足の加速に繋がること以外にもう一つメリットがあります。それは、インパクトの質が向上するということです。

良いインパクトをするためには、ボールの位置を正確に把握してそれに合わせた位置に蹴り足を振り出すことが必要であり、そのためにはしっかりとボールを見ることが必要になります。

例として野球のバッティングを考えてみましょう。自分は野球に関しては素人ですが、バッティングセンターで時速100km程度の球なら打つことができます。この時、当然自分はバッターボックス上で静止して向かって来たボールを打っています。では、投げられたボールに向かって走りながら打つとするとどうでしょうか。相対的にボール速度が上がることも原因の一つではありますが、ボールを目で安定して捉えることが

難しくなりなかなかボールに当てることができなくなるでしょう。もしくは、バッターボックスでぴょんぴょん跳びながら打つ場合を考えても同様のことが起こります。

このように視線を安定してボールに向けることはボールを捉える上で非常に重要ですが、軸足で身体を止められないと身体が前に流れながら蹴ることになってしまい、ピッチャーに向かって走りながら打つのと同じ原理でインパクトの質が下がってしまうと考えられます。

視線の安定性とインパクトの質の関係

安定してボールを見ることができないとインパクトの質は格段に低下する。

>>> 軸足でのブレーキによるエネルギー伝達の効率化

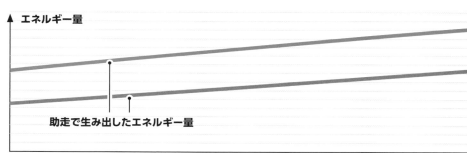

エネルギー量

助走で生み出したエネルギー量

不十分なブレーキではエネルギー 伝達効率が大きく低下する

こ こで、全力疾走の助走でボールを蹴ることを考えてみましょう。実際に試合中ではあり得ないほどの長い距離の助走をとって蹴ってみると思うようにボールスピード

が出なかったりそもそもうまくインパクトできなかったりというのがほとんどです。このことは既に述べた、助走で大きなエネルギーを生み出すことが蹴り足の加速、さらにはボー

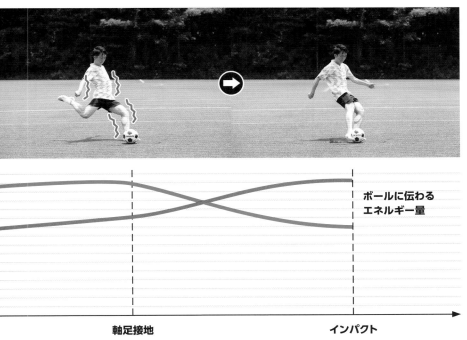

助走で大きなエネルギーを生み出しても伝達効率が落ちると、結果的にボールに伝わるエネルギーは小さくなる。

**ボールに伝わる
エネルギー量**

軸足接地　　　　　　　　　　　　　　**インパクト**

ルスピードに繋がるという内容に一見矛盾しているように感じるかもしれません。

これには軸足でのブレーキの能力が関与してきます。全力疾走に対して軸足のブレーキで身体を止め切ることができなかったとすると、助走で生み出した分のエネルギーの内、蹴り足に移るものが減ってしまい、そもそも蹴り足がうまく加速されないといったことが起こり得ます。さらに、ブレーキがかかりきらないことで先ほど述べたようなインパクト

のズレが起こってしまい、さらにボールスピードが落ちてしまう可能性があります。このような理由から、**軸足でのブレーキ能力の限界分だけのエネルギーを助走で生み出して、しっかりと身体を止めた状態が球速を最大化できる**と考えることができます。

そして、軸足でのブレーキ能力を高めることで、助走で生み出すことのできるエネルギーを増やすことができ、キックのパフォーマンスを向上させることができるのです。

必ず軸足でブレーキをかけた 後に身体が前に出て行く

実際に指導している選手に軸足は身体を止めるため（ブレーキ）に使うのかさらに前に加速するため（アクセル）に使うかという質問をすると、ほとんどの選手が加速に使うという風に答えます。ここまでの議論を踏まえてもまだしっくり来ていない方もいることでしょう。

それはおそらく実際に理想的なボールを蹴っているトップ選手の見た

▶▶▶ デ・ブライネのキックフォーム

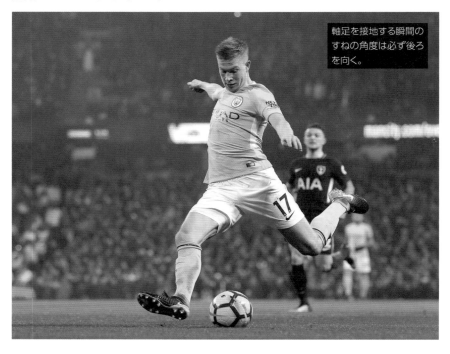

軸足を接地する瞬間の
すねの角度は必ず後ろ
を向く。

目が蹴った後、前に加速しているように見える、前方向に走り抜けているように見えることからではないかと思います。

確かに蹴った後に身体が前に出ていくようなことは多いのですが、これは**軸足でブレーキをかけ、身体をしっかりと止めた上で蹴り脚を振り抜いた結果、蹴り脚に身体が引っ張られて前に出るために起こっている現象です。**軸足でブレーキをかけることなく身体が前に流れている動作とは本質的に異なっています。

実際に軸足を接地する時の軸足のすねの角度を様々なトップ選手でチェックしてみると助走の方向に対して逆向きに倒れており減速方向に出力をしていることが分かります。

このように外見上見えている現象と実際に起こっている現象が異なることは多々あるので、力学的に正しい知識を持っておくことは非常に重要です。

ブレーキはトップ選手のキックには必ず共通する要素である。

蹴り足側の骨盤を引き上げて回りやすい状態を作る

▶▶▶ 骨盤を引き上げる練習

体が横に倒れないように、足を横に開かないようにしながら足の裏を地面から大きく離す。

体が横に倒れない

足を開かない

大きく離す

助　走で生み出したエネルギーは軸足での減速により、骨盤を通じて蹴り足側へと増幅、伝達されます。

　この骨盤でのエネルギーの増幅を最大化するためには、骨盤が回りやすい状態を作ることが必要です。**骨**

盤が回りやすい状態とは、蹴り足側の骨盤が挙上した状態、つまり軸足側に比べて蹴り足側の骨盤の方が高くなった状態です。

　逆に蹴り足側の骨盤の方が低く、いわゆる骨盤が落ちている状態になると骨盤は回りにくくなってしまいます。これは実際に身体を動かしてみると実感できるので、ぜひ試してみてください。

　ポイントは、まっすぐ立った状態から身体を左右に倒さずに、脚を開かずに膝を曲げずに足の裏を地面からできるだけ大きく離すことです。

　片足立ちの状態では簡単にこの体勢を維持することができますが、そこからジャンプすると着地の衝撃に耐えて維持するのが少し難しくなるでしょう。実際のキック動作においてはかなりのスピードで入ってきた身体を片足で止める衝撃に耐えなければならないので、骨盤の状態を保つ難易度はさらに高くなります。キックのパフォーマンスを向上させるためのトレーニングとしてはこのような要素からもアプローチすることが可能です。

蹴り足をまっすぐ振り抜く
スペースを確保できる

蹴り足側の骨盤が落ちないように引き上げることにはもう一つ利点があります。それは、**蹴り足をまっすぐ振り抜くスペースを作ること**です。

インステップキックでは蹴り足の足首は伸ばした状態でインパクトすることになります。この時、軸足を

ボールの近くにまっすぐに置いた場合、足の長さに蹴り足の長さが追加されることになるので、普通に蹴り足を振ってくるとつま先が地面に突き刺さることになってしまいます。これを回避するために、軸足をボールから横方向に離して置いたり、軸足を斜めにしてついたりするのです

▶▶▶ 蹴り足が突き刺さる

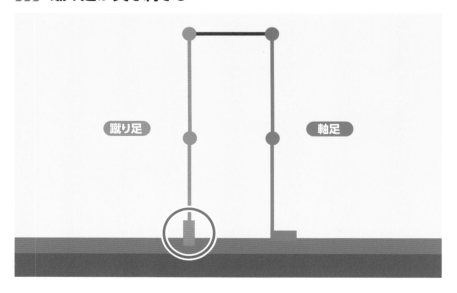

蹴り足　　　　　軸足

が、これでは蹴り足を外に開くことになってしまうので骨盤が回りにくくなってしまいます。

　これはフィギュアスケートの高速スピンの原理で考えることができます。腕を外に大きく広げている時にはゆっくり回りますが、身体の近くにギュッと折り畳むと急激に回転が加速します。**回転軸に近い位置に身体を集中させることで効率の良い回転が可能になる**のです。

　キックでの骨盤の回転においては、骨盤を引き上げることでこれが可能になります。骨盤の引き上げによって蹴り足の足首を伸ばすためのスペースを確保することができ、軸足をボールの近くに置き軸足を地面に垂直に近付けた状態、つまり蹴り足を外に開かない状態でも蹴り足が地面に突き刺さることなく振り抜くことができ、これが効率の良い加速に貢献します。

≫≫≫ 骨盤を引き上げて　スペースを作る

≫≫≫ 軸足を離して　スペースを作る

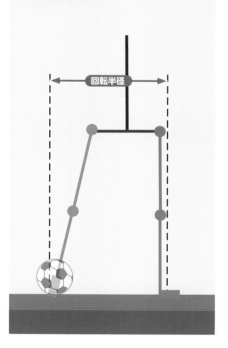

加速の効率が良い

加速の効率が落ちる

回転半径

回転半径

中心から末端へエネルギーを伝達するムチ動作を利用

軸足でのブレーキの部分で軽く触れましたが、身体の一部を急激に止めることで別の部位を加速させることができます。

これは持ち手を急激に止めることによって持ち手に近い部分から遠い部分へと順番にエネルギーが伝わっていき、最終的に末端部が最大限加速されるムチの特徴に因んでムチ動作と呼ばれます。

キックに置き換えると、**身体の中心に近い骨盤から蹴り足の股関節、膝関節と順番に止めていくことで末端部である蹴り足が最大限加速される**ことになります。

関節の運動を生じさせる力は2種類存在します。一つは筋肉が収縮することによって能動的に生み出される力、もう一つは筋肉が力を発揮するかによらず筋肉や腱の受動的な働きによって生じる力です。ムチ動作を利用して末端部(蹴り足)を加速させるためには、この2つの力の内の後者、つまり受動的に発生する力を利用することが重要になります。

簡単に言うと無駄な力みをなくすことが必要になるのですが、力を抜くことを意識し過ぎると単純に全ての出力を落としてしまうことが多いので注意が必要です。既に述べた通りキックのエネルギー源は助走とブレーキなので、そこで力を出して脚を振る際にはあまり力を入れ過ぎないというのが一般的には有効なアプローチになります。

ムチ動作のイメージ

中心部①から末端部③へとエネルギーが流れていくことにより末端部が最大限加速される。

膝下の振りの意識は
自然なエネルギー伝達を阻害する

速いボールを蹴るためによく言われるポイントが膝下の振りを速くすることです。確かに、様々な研究のデータを見ても膝下の振りは球速が速いほど速くなる傾向があります。しかし、だからと言って膝下の振りを速くすることを強調するのは悪手です。

その理由は前ページで述べた**蹴り足を最大限加速させるためのポイントであるムチ動作を実現するには無駄な力を使わず自然なエネルギーの流れを阻害しないことが最重要**だからです。

もちろんムチ動作に加えて適切なタイミングで膝下の振りに関与する筋肉を活動させることによって膝下の振りが最大限加速されることは予想がつきますが、膝下の振りを過度に強調する指導はそのタイミングを狂わせることに繋がる可能性の方が高いです。

特にフォワードの選手はゴール前の短い時間でシュートを打つために膝下の振りでのコンパクトなシュートを心掛けているということを言うことが多いもの。しかし、見た目上コンパクトに見えても実際には中心部でエネルギーを生み出す段階を素早くすることにフォーカスしたムチ動作を使ったシュートの方が短い時間で効率良く蹴れることがほとんどです。

NG 膝下の振りを強調し過ぎたキック

膝下の振りを速くすることに集中
し過ぎるとタイミングがずれる。

蹴り足に力を加えても 動きにくい状態

ここまで、速いボールを蹴るための一つのアプローチとして蹴り足の速さを最大化するためのポイントを挙げてきました。続いては、キックを衝突問題として捉えたことから導き出されたもう一つのアプローチである蹴り足を"重く"することについて議論します。

　蹴り足を重くするとか体重をボールに乗せるとかいう表現は指導現場でよく耳にしますが、この重さというのは何を指しているのでしょうか？

▶▶▶ 動きにくい状態での インパクト

OK

足首を固定した動きにくい状態でボールをインパクトすることで強いボールを蹴ることができる。

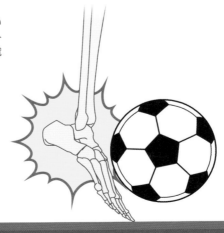

蹴り足の重さは常に一定のはずだし、体重を乗せるという表現はボールの上に乗っかるというのであれば具体的にイメージできますが、実際に使われている意図とは異なるはずです。

これらを厳密に議論するために力学における基本のキとも言える運動方程式に立ち返って考えてみましょう。運動方程式はma=Fと表され、mというのは質量、もしくは重さとなんとなく習って来た方がほとんどでしょう。しかし、この運動方程式におけるmは厳密には慣性質量として定義されていて、簡単に言うと力をかけた際の動きにくさの指標と言えます。

衝突後の物体を速くするには重い物体をぶつけると良いと言ってきましたが、正確には質量の大きな物体、つまり力をかけても動きにくい物体をぶつけることが重要です。つまり、**キックにおいて蹴り足を重くするとは「蹴り足に力をかけても動きにくい状態でインパクトする」**ということになります。

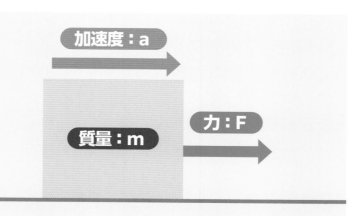

ma=F　　m:質量　a:加速　F:力

この方程式を簡単に説明すると

「質量m」の物体に「加速度a」を作用させるには「力F」が必要。
「質量m」の物体に「力F」が作用すると「加速度a」が生じる。

足首を伸ばし切る＋
軸足側の骨盤が高い状態を作る

≫≫ 足首を伸ばし切ってインパクト

足首はインパクト時ボールからの衝撃を受ける。衝撃を受けても足首を伸ばし切っていれば足首は動かない。

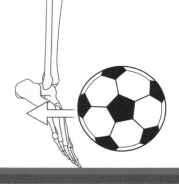

≫≫ 足首を伸ばし切らない場合

足首の動きにゆとりがあるのでインパクト時の衝撃で足首がグラついてしまう。

そ れでは、蹴り足に力をかけても動きにくい状態はどのようにして作るのでしょうか？

まずは、足首を伸ばし切った状態で当てることがポイントです。インステップキックでは足首を伸ばした状態でボールにインパクトしボールに大きな力を加えますが、作用反作用の法則により蹴り足もボールから同じだけの力を受けます。インパクトの瞬間に足首にまだ伸びる方向の余白があると、衝撃により足首が動いてしまい、"重い"形を作ることはできません。よって、足首を伸ばし切った状態を作り衝撃が加わってももうそれ以上は伸びないという形でインパクトすることが重要になります。

さらにもう一つ考えられるのは軸足側の骨盤が挙上した状態です。つまり、骨盤が回りやすくするために作った骨盤の状態とは逆向きの傾きです。この時蹴り足側のお尻の外側の筋肉(中臀筋)が固まり、骨盤と蹴り足がガッチリ固定された状態が出来上がります。この状態で蹴り足に力を加えると蹴り足が動きにくくなることが分かります。骨盤と蹴り足

の骨を筋肉でがっちり固定しているイメージです。

以上のことから**インパクトする瞬間に足首、膝が伸び切り、軸足側の骨盤が挙上した状態を作ることが重い物体をぶつけることに相当し「ボールスピードの最大化」に貢献する**と考えられます。

▶▶▶ 骨盤を固定させる

固めるイメージ！

>>> 骨盤の傾きを入れ替える動作

固めるイメージ

軸足は抜く？

骨盤の傾きを入れ替えた結果そう見えるだけ

強いシュートを打つためのポイントとしてよく言われるものに軸足を抜くというものがあります。これは、実際に強いボールを蹴れているシーンのほとんどで、蹴った後

の軸足が外側に大きく開くように見えることから言われているものと思われます。

軸足を抜く理由としては、ボールに体重を乗せるためという風に言わ

インパクトの瞬間に軸足側の骨盤が高い状態を作ろうとすると、自然と軸足が抜ける。

れますが、闇雲に軸足を抜くだけではボールスピードの向上を達成できるかは怪しいです。軸足を抜くという意識の場合、動きとしては軸足でジャンプして蹴り足側に身体を倒すような形になっている場合がほとんどです。このような動作ではバランスを崩してしまっており、蹴り足を十分に振り抜くことが難しくなります。既に述べたように蹴り足を重くするというのは蹴り足に力がかかっても動きにくい状態を作ることであり、重心をただボールに近付けるこ

とではありません。

蹴り足を重くするためには軸足から蹴り足へと横方向にジャンプするのではなく、上で述べたように骨盤の傾きを入れ替えることがポイントになります。この**骨盤を入れ替える動作の結果として確かに外見上は軸足が横に上がる形になり、軸足を抜いているように見えますがただ横方向にジャンプする動作とは別物**です。

まとめ

速いボールを蹴るには？

☑ 蹴り足を速くするor重くする

蹴り足を速くするには？

☑ 助走でエネルギーを生み出す

☑ 軸足でブレーキをかける

☑ 骨盤が回りやすい状態を作る

☑ ムチ動作を利用する

蹴り足を重くするには？

☑ 足首を伸ばし切る

☑ 骨盤の傾きを入れ替える

第3章

飛距離を伸ばす

飛距離を最大化するには？

速いボールで打ち出し角度を
大きく蹴り出す

》》》 打ち出し角度と飛距離の関係

打ち出し角度は高過ぎず低過ぎず蹴
り出すことが必要。ただ、ほとんど
の選手にとって思っているよりもさら
に高い角度で蹴り出すことが飛距離
upにつながる。

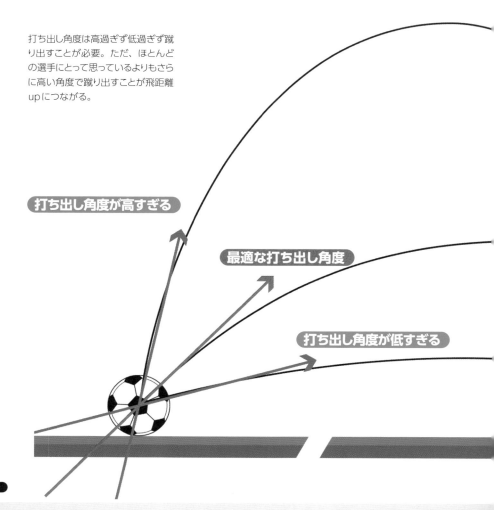

打ち出し角度が高すぎる

最適な打ち出し角度

打ち出し角度が低すぎる

ま ず、サッカーのキック以外の動作でボールを遠くに飛ばすためのポイントを考えてみましょう。現在の学校体育の体力テストにはソフトボール投げやハンドボール投げが採用されているので、遠投をした経験が一度はあると思います。ボールをできる限り遠くに投げることを考えた時、どのような点を意識したでしょうか？

ここで再びボールの軌道を決める3要素を基に考えてみましょう。まず、速さについてですが当然速く投げ出した方が遠くに飛びます。また、回転については遠投の場合はそれほど意識していないかもしれませんが、横の回転がかかると距離が伸びないというイメージはあるかと思います。遠投の場合、最後の打ち出し角度を最も強く意識し、具体的な角度は分からないにせよ、かなり上の方に向かって投げたのではないかと思います。

理論的には、空気抵抗が無視できる場合は45度の角度で投げ出すことで飛距離を最大化できますが、空気抵抗を考えるともう少し低くなります。ただ、いずれにせよ打ち出し角度を大きくするということを意識しながらボールを投げたはずです。

しかし、キックになった途端に打ち出し角度への意識が希薄になる傾向を感じます。最初低く出てバックスピンで伸びていくボールで飛距離が最大化できると言う選手が多いのですが、**実際には打ち出し角度は思っているよりも大きくするべきであることがほとんど**です。

ボールの下側を斜め上方向に蹴り上げる

　それでは、実際に飛距離を最大化するために必要な力の加え方を考えてみましょう。

　まず、前頁で述べた通り、打ち出し角度を大きくする必要があるので**ボールの下側にインパクトする必要**があります。ボールを投げる場合は上に向かって投げる調節は比較的簡単ですが、キックで蹴り足を地面スレスレに潜り込ませるのは意外と難しいので、この後に述べるポイントを抑えておく必要があります。

　続いて、速さと回転についてです。飛距離を最大化するには水平方向の速さを大きくすることと滞空時間を長くすることを両立しなければなりません。空気抵抗がない場合に45度の打ち出し角度が飛距離最大になるのは水平方向の速さと滞空時間のバランスがちょうど取れているからです。空気抵抗のある場合には、バックスピンの回転をかけることによって浮き上がる向きの力を得られ滞空時間を伸ばすことができます。しかし、バックスピンを増やそうとするとその分速さが落ちてしまうため、飛距離は最大化されません。逆に回転を減らして速さを大きくしても浮き上がる向きの揚力は十分に得られるのでアプローチとしては**少なめのバックスピンで打ち出すこと**が必要になります。そのためには、ボールの中心に向かう向きから少しだけ下にずれた向きに力を加える必要があります。

　まとめると、**図のようにボールの下側を斜め上方向に振り抜くことが必要**になります。

>>> ボールに加えるべき力

打ち出し角度を大きく出すためにボール
の下側にインパクト。速度を大きく回転
を少なくするためにボールの中心に近い
方向、つまり斜め上方向に振り抜く。

インパクト位置

実際にボールに加えた力
ボールの軌道を決める成分
ボールの回転を決める成分

身体よりも前で
ボールにインパクトする

ず、少しのバックスピンをかけて速いボール打ち出すために斜め上向きの力を加える方法を考えます。 キック動作中の蹴り足の動きは大雑把に言うと蹴り足側の股関節を軸とした振り子運動です。振り子運動は軸の真下で最下点を迎え、軸より後ろでは振り下ろす向きの運

≫≫ 二重振り子のイメージ

蹴り足

軸

股関節

膝

キック時の蹴り足の動き
は股関節と膝の2点を支
点とする二重振り子。

動を、軸より前では振り上げる向き
の運動をすることになります。

　この振り子運動の途中でボールに
インパクトして斜め上方向に力を加
えようと思うと振り子の軸よりも前
にインパクトポイントを持ってくる
必要があるので、蹴り足側の股関節
よりも前、イメージ的には身体より
も前でボールにインパクトすること
が必要になります。

　厳密に言うと、実際にはキック動
作中の蹴り足は、股関節と膝に二つ

の軸を持つ二重振り子のようになり
ます。ロングキックのインパクト付
近では股関節の動きに対して膝関節
の動きが十分に速くなるので、膝関
節の振り子を考えれば良く、斜め上
向きの力を加えるには膝関節をボー
ルより後ろに持ってくることが必要
になります。この場合でも身体より
も前にインパクトポイントが来るこ
とになるので、**身体の前でインパク
トするイメージを持っておけば十分**
です。

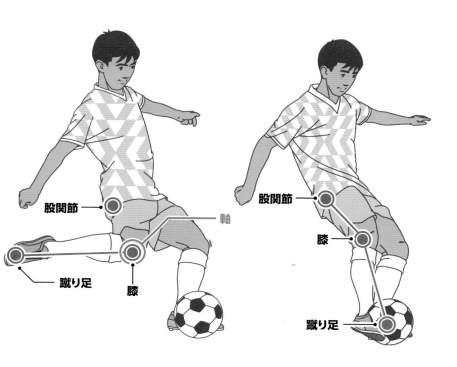

振り子の支点よりも前でインパクトする
ことで斜め上向きの力を加えられる。

この時、蹴り足の股関節よりも膝が、
膝よりも蹴り足が前に来る形になる。

身体の前でインパクトする方法？

軸足をボールよりも後ろに置く方法では高さ調節が困難

そ　れでは斜め上向きの力を加えるための具体的な方法を考えていきます。

　ポイントは蹴り足の股関節軸の振

り子の振り上がる位置で当てること、つまり振り子の軸よりも前にインパクトポイントを持ってくることでした。

　最も単純な方法は軸足をボールよ

▶▶▶ 軸足をボールより後ろに置いた際の蹴り足の軌道

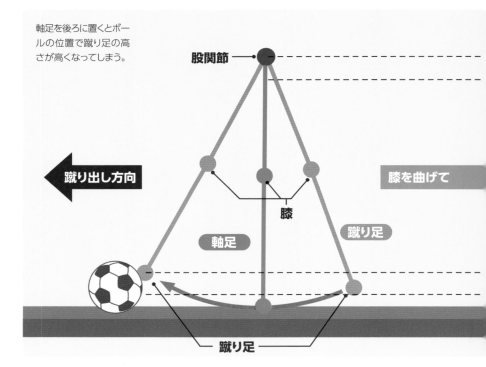

軸足を後ろに置くとボールの位置で蹴り足の高さが高くなってしまう。

股関節

蹴り出し方向

膝を曲げて

膝

軸足

蹴り足

蹴り足

りも後ろに置いて軸を後ろに持ってくることでしょう。写真を見ると分かりますが、振り子は軸よりも前では地面からの高さが増していくので、単純に軸を後ろに持ってくるとボールにインパクトする位置では蹴り足が高い位置に来てしまいます。ボールの飛距離を伸ばすためのもう一つのポイントはボールの下側にインパクトすることだったので、軸足をボールよりも後ろに置く場合には軸脚の膝を曲げることによって蹴り足の高さを調節する必要が生じます。この制御は非常にロスが多くなってしまうのであまり適したものとは言えません。

初心者でボールがうまく浮かせられない選手が無理にボールを浮かせようとする時に身体を後ろに倒してのけぞるようにして蹴ることがありますが、この軸足を後ろに置いて膝を曲げながら蹴る蹴り方になっている場合が多いです。

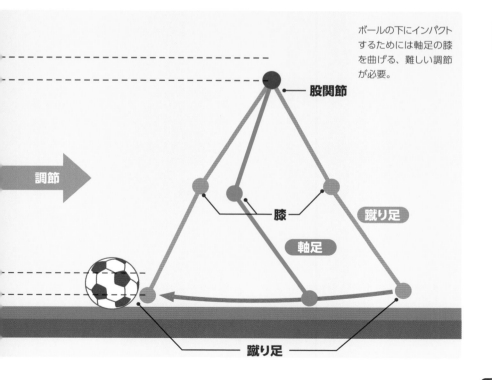

ボールの下にインパクトするためには軸足の膝を曲げる、難しい調節が必要。

股関節

膝

蹴り足

軸足

調節

蹴り足

≫≫ 軸足は真横、身体を後ろに残した際の蹴り足の軌道

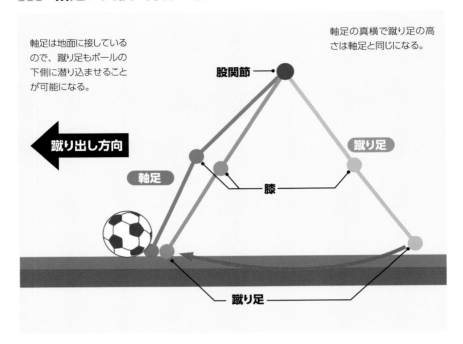

軸足は地面に接しているので、蹴り足もボールの下側に潜り込ませることが可能になる。

軸足の真横で蹴り足の高さは軸足と同じになる。

股関節

蹴り出し方向

軸足

膝

蹴り足

蹴り足

身体の前でインパクトする方法

軸足はボールの真横に置いて
身体を後ろに残す

　それでは、斜め上向きに蹴り足を振り抜くこととボールの下側にインパクトすることを両立するためにはどうすれば良いのでしょうか。

　結論から言うと、図のように**軸足をボールの真横に置いた上で軸足のすねを後ろに倒して身体を後ろに残す**ことがポイントになります。

　まず、この形を作ることで振り子

の軸である蹴り足側の股関節(二重振り子と考える場合は膝関節)はボールよりも後ろ側に持ってくることができます。これにより斜め上方向に力を加えることが可能になります。

その上でインパクトをボールの下側にすることについてですが、写真のようにインパクトの瞬間に蹴り足と軸足は横から見た時に重なるような形になります。よって、軸足のすねを後ろに倒した状態を作ることでインパクトの瞬間の蹴り足の高さが軸足の高さに揃う、つまりボールの下側に来るような高さに持ってくることが可能になります。

このようにしてボールの下側を斜め上向きに蹴ることが可能になるのですが、この形を作ることにはもう一つメリットがあります。それはこの体勢は第2章で述べた通り減速が非常に効率良くできる体勢であり、蹴り足を加速させるのに適した姿勢になっていることです。これによりボールに加える力の大きさ自体を高めることができ、飛距離の増加に繋がります。

蹴り足が二重振り子のように
動くことで回避可能

　　鋭い方はお気付きかと思いますが、68ページの蹴り足が通る軌道の図を見ると、途中で蹴り足の高さが地面よりも低くなっており、実際には地面に突き刺さってしまいそうな形になっています。

　その理由としては、68ページの図では分かりやすさを重視して股関節を軸とした一本の振り子として蹴り足の軌道を表現しましたが、実際には右図のように膝関節も加わった二重振り子になっていて膝関節の伸展は遅れて出てくるという事情があります。蹴り足の膝が身体の真下を通り越してから膝関節の伸展が起こるとするとその時点で、膝の位置は先ほどよりも高い位置にあるので蹴り

足の高さも少し上がり地面に突き刺さる確率が下がります。

　そのような事情を踏まえたとしても、ボールの下側を斜め上向きに振り抜くということはインパクトの手前では蹴り足がインパクトの位置より低い位置にないといけないので、何らかの工夫をしなければ蹴り足が地面に当たってうまく蹴れない、もしくはそれを回避しようとしてインパクトがずれてしまうといったことが起こり得ます。

　実際に地面に蹴り足が突き刺さることを避けようと足首の角度を無意識に変えて調節した結果、横回転がかかってしまう事例は多く見受けられます。

▶▶▶ 膝が伸びるタイミングを考慮した蹴り足の軌道

膝が伸びるタイミングが遅れることで、膝の高さが高い状態で振れるので、蹴り足が地面に突き刺さる確率を減らせる。

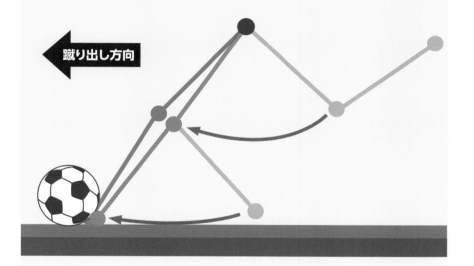

蹴り出し方向

蹴り足の面は真横に向けて
ボールの真下に潜り込ませる

まず必要なのは、**蹴り足とボールが接触する面を横に向ける**ことです。蹴り足が完全に真横になった状態で振ることができると蹴り足の最下点の高さを上げることができます。逆に面が縦になるとその分、つま先の高さが落ちて地面にぶつかりやすくなってしまいます。面を横

>>> 蹴り足の面の向きとボールに加わる力

OK 面が横向き

ボールの下だけに綺麗に力を加えられる

NG 面が縦気味

ボールの上の方まで力を加えてしまうので浮きづらい

に向けることはボールの下側のみを的確にインパクトするためにも必要で、もしも接触面が縦気味に入ってしまうとボールに力を加える点が上方向にも伸びてしまうのでボールの打ち出し角度が下がることに繋がってしまいます。**蹴り足の面を横に向けるためにはまず軸足のすねを横方向に倒すことが必要です。**第2章で述べた通り、蹴り足の足首は伸ばし切った状態で当てる形が理想なので、横方向に軸足のすねを倒していくこ

とで足首を伸ばした状態で面を横向きに近付けていくことができます。

しかし、これだけでは身体が完全に真横にならない限り、つまり真横に寝転がらない限りは面が真横に向くことはないのでこれに加えて足首が曲がることを許容してインサイド気味にインパクトすることが必要になります。この時、足の裏が地面に向くようなイメージになります。これにより面が綺麗に横を向いて地面に蹴り足が突き刺さることを回避できます。

≫≫≫ 軸足のすねを横に倒す

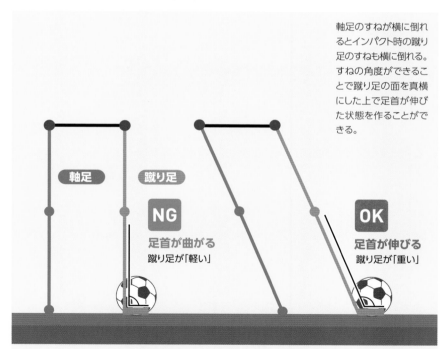

軸足のすねが横に倒れるとインパクト時の蹴り足のすねも横に倒れる。すねの角度ができることで蹴り足の面を真横にした上で足首が伸びた状態を作ることができる。

軸足　蹴り足

NG
足首が曲がる
蹴り足が「軽い」

OK
足首が伸びる
蹴り足が「重い」

蹴った後に蹴り足が内に入る理由

股関節の動きで蹴り足の
運動方向を調節する

トップ選手のロングキック後の
姿勢を見てみると蹴り足を振
り抜いた後、軸足側にクロスするよ
うにして接地している場合がほとん
どです。このような共通した蹴り終
わりの姿勢になることは蹴り足の軌

道の観点から説明することができま
す。

ロングキックを蹴る時には蹴り足
の面を横にするために軸足のすねが
横に倒れるような形を作ることは既
に述べた通りです。軸足のすねが横

⋙ 蹴り足の運動方向の調節

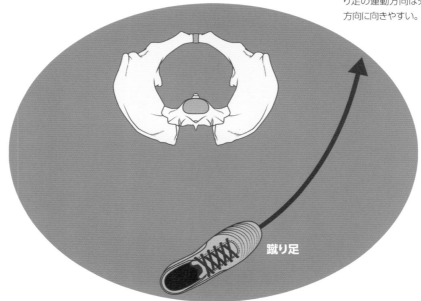

軸足のすねを横に倒し
て蹴り足を振ると、蹴
り足の運動方向は外
方向に向きやすい。

蹴り足

に倒れるような形を作っているということは、軸足が接地した時点で振り上げられた蹴り足は軸足よりも外側(軸足側)にあります。ここからボールに向かって骨盤、股関節、膝の動きにより蹴り足を自然と加速していくと、蹴り足の運動方向は外側に向いてしまう可能性が高いです。さらにインパクト直前の動きで最も貢献度が高いのは膝下の振りですが、既に述べたようにインサイド気味のインパクトをする場合、膝のお皿の向きは外側を向いており、この位置で膝下の振りを出すと蹴り足の軌道

は外に向いてしまいます。

　つまり、**自然と蹴り足が加速される状態を作ると蹴り足の運動方向が外側を向いてしまうので、股関節を内転させる(内側に持ってくる)ことによって、インパクトの瞬間の蹴り足の運動方向を蹴り出し方向に合わせるように調節している**のです。膝下の振りが速いほど蹴り足の軌道が外に向いてしまうので、この調節が強調されることになり、外見上も蹴り脚を内に入れる動きが目立つようになります。

≫≫≫ 蹴り足が内に入る動き

蹴り足が内に入る動きは、蹴り足の運動方向を真っ直ぐ向けるため。

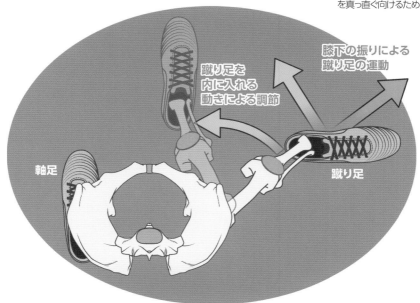

蹴り足を
内に入れる
動きによる調節

膝下の振りによる
蹴り足の運動

軸足

蹴り足

低めの球筋で速くて回転数が 少なめのボールを蹴る

>>> 向かい風による軌道の変化

同じ角度で蹴り出して も向かい風が強いと浮 き上がる力が強くなり、 ふわっとしたボールで 飛距離が落ちる。低め のボールを速く打ち出 す調節が必要。

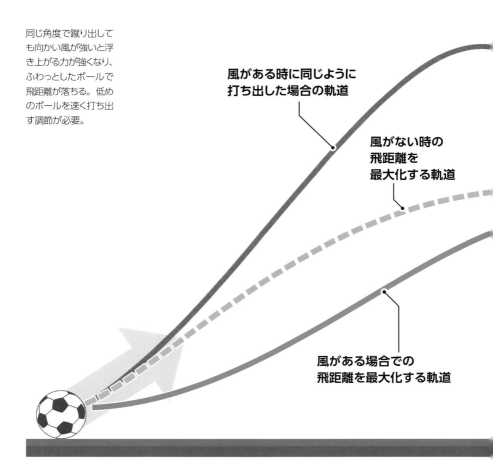

風がある時に同じように
打ち出した場合の軌道

風がない時の
飛距離を
最大化する軌道

風がある場合での
飛距離を最大化する軌道

最後に実践上出てきそうな悩みに回答しておきます。

向かい風が強いと必要以上にボールが浮き上がって飛距離が伸びないということが起こりますが、これには単純に向かい風がボールを押し返すようにして水平方向の速度を減速させていることと、マグヌス効果による揚力が強く働くようになっていることが原因です。

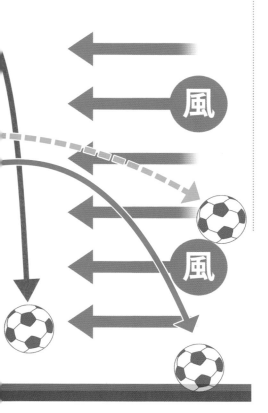

まず、水平方向の減速に関してですが、これは風が吹いている以上はもう変えようがないので、向かい風の影響によって多少飛距離が落ちてしまうことは諦めるしかありません。

一方で、マグヌス効果によって必要以上にボールが浮き上がってしまうことに関しては多少の対策が可能です。まず、回転が増えるほど浮き上がる向きの力は大きくなるので回転を減らすことが必要になります。また、普段はある程度高い打ち出し角度を取らなければ滞空時間が短くなり飛距離を最大化できなくなってしまいますが、向かい風条件下では自然と滞空時間が延びるため、滞空時間よりも水平方向の速度を優先させることができます。

よって、**向かい風でのロングキックのポイントとしては普段より低めの球で少しのバックスピンをかけてボールスピードは速く蹴り出すこと**になります。

まとめ

飛距離を最大化するには？

- ☑ 速いボールで打ち出し角度を大きくする
- ☑ ボールの下側を斜め上に蹴り上げる

斜め上向きに力を加えるためには？

- ☑ 身体よりも前でインパクトする
- ☑ 軸足はボールの真横で身体は後ろに残す
- ☑ 蹴り足の面の向きは真横にする

第4章

インサイドキック

理想のインサイドキックとは

球速が速い。浮かない。横回転がかからない

インサイドキックはシュートから短・中距離のパスまで幅広く使われるので、この章で扱う良いインサイドキックの条件というのを最初にはっきりと示しておきます。

この章で扱うのはすべて短・中距離のパスについてであるとします。よって、ここでは味方が扱いやすいボールをできるだけ早く届けることを目的とします。その上で考えられる**良いインサイドキックの条件としては、まずはボールが浮かないこと、そして球速が速いこと**が挙げられます。

回転に関しては横回転をかけるような蹴り方もありますが、味方に早く届けることを目的とした場合、無駄な回転を減らして球速を上げることにフォーカスするのが得策です。縦方向の回転に関しては、初速が最大になるのは先にも述べた通り無回転ですが、トップスピンがかかっていた方が摩擦による減速の影響は少

なくなるので、多少長い距離で球を減速させないことを重視したいのであればトップスピンをかける、短い距離でのパスなどでむしろ味方に届く時には減速するぐらいが良い時などは無回転、さらに減速させたければバックスピンをかけて蹴るのが適していると言えます。

そのような球質が実現された上で、身体の向きに対して様々な方向にパスを出せることなどもポイントになると言えるでしょう。

回転と摩擦の関係

トップスピンをかけると摩
擦は小さく減速しにくい
ので長い距離のパスに適
する。バックスピンをか
けると減速幅が最大、無
回転が中間。

ボールの進行方向

回転

地面との摩擦

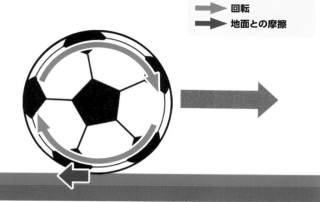

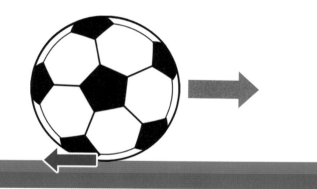

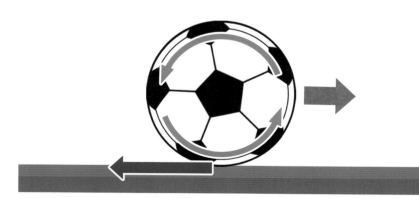

ボールに加えるべき力

ボールの真ん中にインパクトし振る方向で回転を調節

ま ず、ボールを浮かせないことが一つの条件になるので横から見た時のボールの真ん中もしくは少し上にインパクトすることが必要になります。

ボールの真ん中より下にインパクトするとボールが浮いてしまうのはお分かりかと思いますが、ボールの上を叩き過ぎてもボールが浮いてしまいます。これは地面にボールを強く叩きつけるような形になるため で、ボールの少し上をまっすぐインパクトする程度だと跳ねるほどにはならずトップスピンが入るくらいなので、多少上にインパクトするくらいは問題ありません。

また、ボールの回転に関しては無回転を蹴りたいのであればボールの中心を貫く方向、つまりボールの真ん中に水平方向の力を加えることが必要になります。トップスピンをかけるのであれば斜め上に振り上げる位置で当てるか、水平方向に振る際にボールの少し上に当てるかになります。

パスが上手い選手だとボールが出てから転がっていく間で急激に減速するようなパスを、例えばディフェンスラインの裏のスペースに置くようなスルーパスで使うことがありますが、これはグラウンダーのボールにバックスピンをかけている結果になります。力の加え方としては単純でボールの中心を斜め下方向に向かって切るようにインパクトすることが必要になります。

ボールに加えるべき力

実際にボールに加えた力
ボールの軌道を決める成分
ボールの回転を決める成分

無回転

ボールの中心に向かって
水平方向に力を加える。

トップスピン

振り上げるようにして斜
め上向きの力を加える。

バックスピン

ボールを切るように斜め
下向きの力を加える。

⟫⟫⟫ 骨盤を引くことによる股関節の開きの変化

骨盤を後ろに引くことで股関節を大きく開くことなく面が正面に向いた形を作れる。

蹴り足の面の作り方

股関節の開き幅を小さくするために骨盤を後ろに引く

ボールに横回転をかけたくないという条件からインパクトする瞬間の蹴り足は蹴り出し方向に対して90度を向くことが必要になります。

うまくインサイドが蹴れない選手は股関節の硬さのせいだと考えて可動域を広げるためのストレッチを頑張っているというのをよく見かけますが、実際には最低限の可動域が必

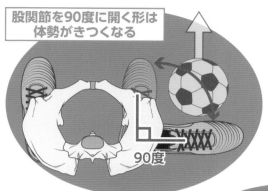

股関節を90度に開く形は
体勢がきつくなる

90度

楽に脚を振れる体勢

90度より小さくてOK！

要とはいえ多少可動域が狭くても工夫次第でこの形を楽に作ることができます。

　多くの選手がインサイドキックのインパクトの瞬間の足の形を作るように言われると図のように骨盤がまっすぐの状態で股関節だけを開くような姿勢を取ります。これは股関節を90度開く形になるので、かなりきつい体勢です。

　しかし、実際のトップ選手はこのような形をとっていません。ここから蹴り足側の骨盤を後ろに引いてみ

ましょう。骨盤を後ろに引いていくと股関節が相対的に内旋していくので先程まで90度だった股関節の開きが段々と小さくなっていきます。**骨盤を引くことで股関節の開きは小さくなっていっても、蹴り足の角度は蹴り出し方向に対して90度を保てているはずです。**

　このように可動域に無理がかからないように楽な体勢を取ることでインサイドキックでの脚の振りも楽になります。

蹴り足を効率良く
加速することができる

既 に述べたように蹴り脚の運動は膝関節と股関節を軸とする二重振り子として考えられます。

　初心者の選手によく見られるのが膝下の振りを使わず股関節を軸とした一本の長い棒を大振りするような蹴り方です。この蹴り方ではインステップキックで説明したようなムチ

▶▶▶ 振り子の長さと振りやすさ

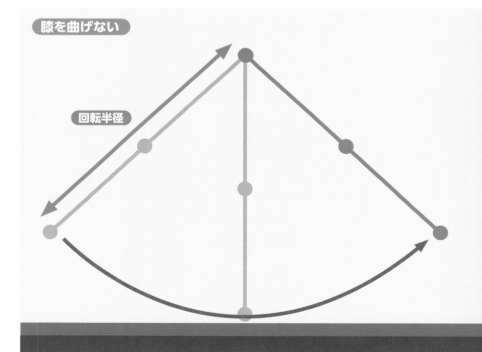

膝を曲げない

回転半径

動作を利用しないので蹴り足を効率よく加速することが難しくなります。

また、フィギュアスケートのスピンの例を出してある物体が回転する際は、回転軸の近くにぎゅっとパーツが集まっている方が回転速度は速くなるという話(47ページ)をしました。これは蹴り脚の振り子運動でも言うことができて、股関節を軸とする蹴り脚が一本の棒として振る舞う振り子よりも膝で蹴り足を折り畳んで、長さを半分にした状態の方が回転が速くなるのは明白です。

また、膝を折ることによって蹴り足が高い位置に来るので重力に任せてこれを落とすだけでもエネルギーを生み出せるという利点もあります。

よって、**インサイドキックにおいては股関節を軸とする単振り子ではなく、膝関節にも軸を持つ二重振り子のようにして膝下の振りをうまく使うことがポイント**になります。

膝を折り畳むことで脚の長さを半分にした状態で振ることができる。これにより回転をより速くすることが可能。

膝を曲げる

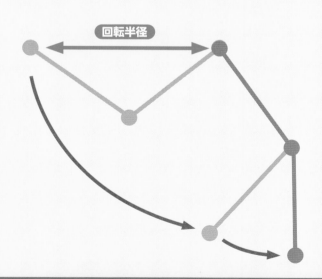

回転半径

膝下の振りを使うメリット②

軸足の位置を変化させても綺麗に蹴ることができる

股 関節のみを軸とした単振り子と股関節に加えて膝関節にも二重振り子を比較すると、蹴り足の加速のしやすさ以外にも違いがあります。それは、身体に対してインパクト

することのできる位置の広さです。

　グラウンダーのパスを味方にできる限り早く届けるインサイドキックにおいてボールに加えるべき力は基本的に水平方向であると既に述べまし

≫≫ 膝下の振りの有無による蹴り足の軌道の違い

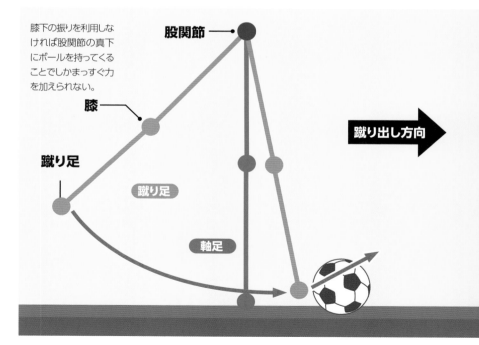

膝下の振りを利用しなければ股関節の真下にボールを持ってくることでしかまっすぐ力を加えられない。

股関節

膝

蹴り足

蹴り足

軸足

蹴り出し方向

た。蹴り足が水平方向に運動する位置を2つの振り子で比べてみましょう。

まず、股関節を軸とする単振り子では振り子の軸が股関節のみなので軸足を置いてしまうと、その時点で蹴り足が水平方向に運動する位置が軸足の真横に確定してしまいます。つまり、**軸足をボールの真横に置くことでしか水平方向の力を加えることができません。**

一方で、膝関節を振り子の軸として追加すると**膝関節の位置を変えることで蹴り足が水平方向に動く位置**を軸足の前にも作ることができます。この違いは例えば軸足方向から来たボールをダイレクトで蹴るような場面で効いてきます。この場合、軸足をボールの真横に置こうとすると転がってきたボールに軸足が当たってしまうので、軸足を手前に置く必要があります。この時に股関節軸のみだとボールを斜め上に蹴り上げることになるのでトップスピンがかかりやすくなってしまいますが、膝を使えると水平方向の力を加えて良いボールを蹴ることができます。

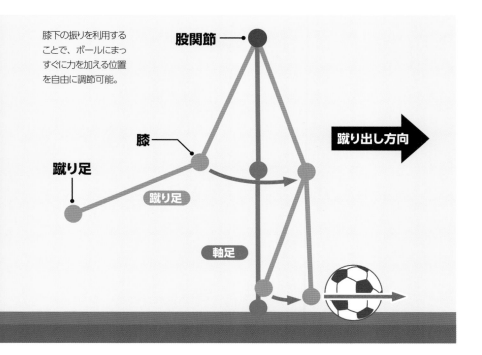

膝下の振りを利用することで、ボールにまっすぐに力を加える位置を自由に調節可能。

股関節 膝 蹴り足 蹴り出し方向 蹴り足 軸足

軸足はボールより手前
もしくは横方向に外して置く

　それでは、膝下の振りもうまく使った蹴り方をするとして軸足をボールに対してどこに置くべきかを考えてみましょう。

　基本的には膝下の振りを使う場合、膝がボールの真上にあれば膝を軸とする振り子運動が起こり水平方向の力を加えることが可能なので、膝を

》》》 軸足の位置とインパクト位置

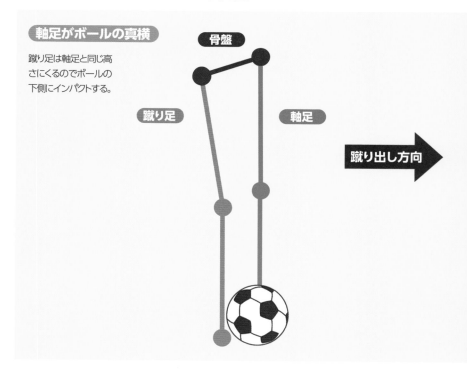

軸足がボールの真横

蹴り足は軸足と同じ高さにくるのでボールの下側にインパクトする。

骨盤

蹴り足

軸足

蹴り出し方向

ボールの真上に持って来ることができる位置であればどこでも蹴れるということになります。ただし、ボールの中心にインパクトするという条件を考えた場合は、軸足を前後方向もしくは左右方向に適度に離すのが得策です。まっすぐ立ってインサイドキックの面を作った状態はインサイドの面は地面スレスレにあるのでこの位置で当てるとボールが浮いてしまいます。ここから蹴り足の位置をボールの中心に合わせるには膝の

位置を上に上げる必要があり、軸足をボールから離して置くことで膝が上がった状態を作ることができます。

　よって、**まっすぐボールを蹴りたい場合の軸足の位置はボールの手前、もしくはボールの真横であれば少し距離を離した位置に置くのが適しています**。ボールより奥に置いてしまうと蹴り足側の骨盤を後ろに引くことが難しく蹴り足の膝をボールの上に持ってくるのも難しいので良い選択とは言えません。

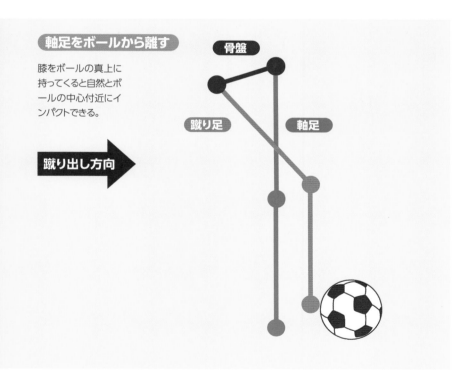

軸足をボールから離す

膝をボールの真上に持ってくると自然とボールの中心付近にインパクトできる。

蹴り出し方向

骨盤

蹴り足　軸足

>>> インサイドキックのインパクト位置

NG

土踏まず付近は面が下を
向いているので叩きつけ
るミスを起こしやすい。

蹴り足のインパクト位置

かなりかかと寄りの内くるぶしの
下辺りの位置

---

*イ*ンサイドキックを蹴る時に、蹴り足のどこにボールを当てるべきかについて考える上では足の形に加えてスパイクの形まで考慮に入れる必要があります。

　一般的に言われているのは、足の真ん中、土踏まずくらいの位置かと思いますが、この位置よりも**かかとより内くるぶしの下辺りでインパクトするのが適しています**。その理由

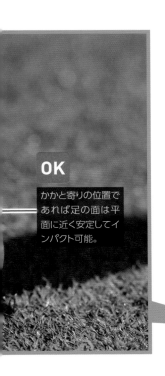

OK

かかと寄りの位置で
あれば足の面は平
面に近く安定してイ
ンパクト可能。

は、まず足首は横方向の力に弱いた
め根本に近い部分でインパクトした
方が力の伝達のロスが減るからです。

　また、足の構造上、土踏まずの位
置は下向きのカーブを描いておりこ
の位置で当てるとボールに対して下
向きの力がかかりやすくなる可能性
がある一方で、かかとの位置は比較
的面が平らで蹴り出し方向にまっす
ぐ向いた面が存在しているので安定
したインパクトが可能になるという
事情もあります。

　さらに、スパイクの構造を考える

と土踏まずのあたりは多少ゆとりを
持って作られていて、スパイクを履
いた状態で足の内側の面を触った時
に蹴り足に当たらずふわっとしてい
るエリアがあります。ここにボール
が当たると衝撃を吸収するように働
いてしまう可能性が高いです。一方
で、かかとの部分は補強のために大
きなパーツがついていることはあり
ますが、インパクト可能な硬い面は
比較的広いので、インサイドキック
のインパクト位置として適している
と言えます。

ボールを蹴り出す方向に対して
適切な骨盤の角度を作る

最後に身体の向きに対して様々な方向にボールを蹴り分けるためのポイントを取り上げておきます。

基本的には**骨盤を引く角度を調節することによってまっすぐの方向に蹴る時と同じような身体の位置関係を作るアプローチ**になります。

まず、軸足側に蹴るボールに関しては骨盤をほぼ引かずにまっすぐ前に向けたくらいの状態のまま膝下の振りを使って蹴りたい方向に足を振れば簡単に蹴ることができます。この時、うまく蹴れない選手によく見られるのは蹴り足がボールに対して無駄に大回りして入ってきてしまうことです。この原因としては蹴り足の膝がまだ曲がっているくらいの局面で蹴り足の膝が外を向いてしまっていることがあります。まっすぐ蹴る時と同じように蹴り足の膝のお皿を蹴りたい方向に向けた状態に一度向けることでこの蹴り足の軌道のロスをなくすことができます。

続いて、蹴り足側に蹴るボールは骨盤をしっかり引いて蹴り出し方向よりもさらに骨盤が後ろに引かれた状態を作ることがポイントです。この時、蹴り足が振られてくる短い時間の間に普段の倍近い角度の骨盤を引く必要があるのでとにかく後ろに速く一気に骨盤を引くことがポイントになります。

≫≫≫ 蹴り出し方向と骨盤の角度

ボールを蹴り出す方
向に合わせて骨盤を
引く角度を調節する。
蹴り足側に蹴る時は
大きく引く。

まとめ

蹴り足の面の作り方

☑ 骨盤を後ろに引いて股関節の開き幅を小さくする

☑ 左右に蹴り分ける時は角度に応じて骨盤の引き幅を調節

軸足の位置

☑ ボールよりも手前、もしくは横に少し離す

インパクトの位置

☑ かなりかかと寄り、内くるぶしの下辺り

第5章

無回転と縦回転

ボールの下側に斜め上方向の力を加える

　の章では無回転と縦回転を同時に取り上げます。この２つが同じカテゴリーに分類されるのはしっくりこないかもしれませんが、それぞれのボールを実現するために必要な力の加え方を考えると非常に似通ったキックであることが分かります。

　まず、無回転についてです。ボールの回転はボールに加わる力が接触点からボールの中心に向かう方向からどの程度外れているかで決まりま

無回転ボール　ボールの中心に向かう力を加えると無回転。

➡ **実際にボールに加えた力**
➡ **ボールの軌道を決める成分**
➡ **ボールの回転を決める成分**

す。つまり、回転を０にしようとするとボールの中心に向かってボールに力を加える必要があります。無回転のボールの利点には、ボールがブレて軌道の予測がつきにくいことと加えた力が回転に逃げないので理論上ボールスピードが最速になることの２つが挙げられます。特に前者のボールがぶれやすいという利点を生かすことを考えるとある程度ボールを浮かした方が良いので、この場合ボールの下側に中心に向かう斜め上方向の力を加える必要があります。

　一方で、縦回転のボールを考えるとこちらもボールをしっかり浮かせた上で落ちるような変化をするボールが理想なので、ボールの下方向にインパクトする必要があります。その上で縦回転をかけたい場合は横から見た時にボールの中心から上方向に力を外す必要があるので、かなりの角度で斜め上方向に力を加える必要があります。

　以上のように、**無回転、縦回転のボールに共通するのはボールの下側に斜め上方向の力を加えることでその角度によって回転が決まる**ことになります。

縦回転ボール ボールの中心よりさらに上に外れる向きに力を加えると縦回転。

骨盤を後ろに引くことで
振り子の支点を後ろに下げる

斜め上方向へ力を加えることは、ボールの飛距離を伸ばすためにも必要な要素なので既に述べた部分もありますが、無回転、縦回転のボールを蹴るためにはもう1段階鋭い角度で斜め上に向けなければならないので、そのための方法を解説します。

その方法とは、インサイドキックの章で紹介した**蹴り足側の骨盤を後**

骨盤を引くことによる蹴り足の軌道の変化

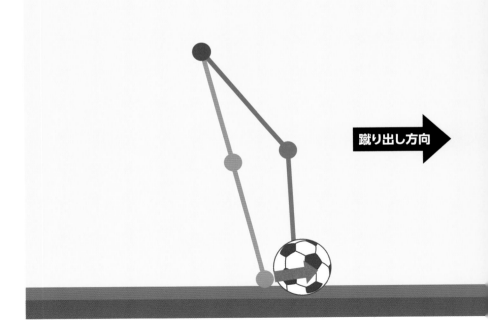

蹴り出し方向

ろに引くことです。既に述べた通り蹴り足の軌道は股関節、膝を軸とする二重振り子のようになります。インサイドキックを蹴る際には蹴り足側の骨盤を後ろに引き、蹴り足を楽に振れるようにした上で膝がボールの真上に来るようにすることで、インパクトの瞬間蹴り足が水平方向に動くように調節しました。これと同様の動きをしながら膝の位置がボールの上に来ないように、ボールの手前にあるように調節してあげると、振り子の支点がボールよりも手前に

来ることになり斜め上方向の力を加えることができます。

この時、ロングキックの場合と同様に軸足をボールの真横に置いて軸脚のすねを後ろに倒すような形を作れば、蹴り足の高さをボールの下側に合わせることができます。ロングキックの場合と比較すると骨盤を後ろに引くことで股関節の位置が後ろになり、その分、膝の位置も後ろにすることができるので加える力をより上方向に向けることができます。

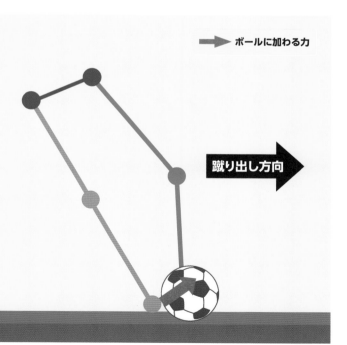

骨盤を後ろに引くことで振り子の支点を後ろの下げることができ、より振り上げる形でインパクトできる。

ボールに加わる力

蹴り出し方向

101

インサイドとインステップの間の辺りでインパクト

インサイドキックでは蹴り足、スパイクの形状を考慮し水平方向の力を効率良く加えるにはかかとよりの位置にインパクトするのが良いと述べました。

ここで、斜め上方向に力を向けるために効率の良いインパクトの位置を足の形状から考えてみましょう。足の形状を単純化して考えてみると、まず足底がほぼ平らに存在していて、ほぼ垂直方向に内側の面が伸びています。足の甲の面はほぼ水平になっていて、外側へはなだらかに伸び、内側へはインサイドの面に向かって大きな曲率の変化を伴って接続しています。

ここでは、インサイド気味のインパクト、つまりインパクト瞬間に膝のお皿の向きが外側を向いているような蹴り方を考えているとします。イメージとしては本田圭佑選手のような蹴り方です。

この時、基本的に蹴り足の運動方向はインサイドの面に垂直な方向になります。そのため、インサイドの面でインパクトした場合、ボールに加わる力は蹴り足の運動方向に一致することになります。一方で、インサイドの面からインステップの面へと移行する曲率の大きな部分にインパクトした場合、運動方向に対して斜め上を向いた位置にインパクトすることになるのでボールに加える力をより上方向に向けることが可能になります。

よって、**インサイド型の無回転、縦回転を蹴る際にはインサイドとインステップの間あたりにインパクトすると効率が良い**と考えられます。

≫≫ 無回転、縦回転のインパクト位置

インサイドとインステップの間のエリアでは面が斜め上を向いているので、インパクト時に斜め上方向の力を加えられる。

蹴り足の自然な振り子運動を利用する

無回転のボールはボールの中心を押し出すように蹴る、縦回転はボールを擦り上げるようにしてかけるといった指導をよく耳にします。

このような感覚は実際に無回転、縦回転のボールを十分に蹴れる選手は感じ取れるとは思いますが、まだ蹴れない選手に対してこのような指導をするのは不適切である場合がほとんどです。その理由は、**無回転や縦回転を実現することに過剰にフォーカスした蹴り方になってしまい球**

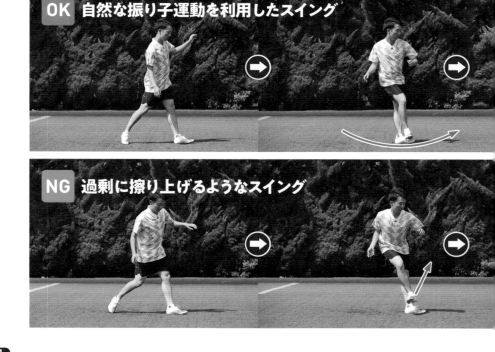

OK 自然な振り子運動を利用したスイング

NG 過剰に擦り上げるようなスイング

速の不足、試合の中で使えるほどの
実用性の欠如などの問題が生じやす
いからです。

　基本的に蹴り足を効率良く加速し、
ボールに大きな力を加えためには蹴
り足の振り子運動をうまく利用する
ことが必要です。その上で振り子の
どこでボールをインパクトするのか
や振り子の支点の位置を変えるとい
った工夫をすることによってボール
の軌道を調節することになります。
つまり、**どのようなキックでも大枠
としては自然と蹴り足が加速される
運動を行った上で細部で調節するこ**

とが必要になります。

　しかし、押し出すような無回転や
擦り上げるような縦回転はこの自然
な振り子運動を阻害し、不自然かつ
非効率な蹴り足の運動を誘発します。
実際には骨盤を後ろに引いて振り子
の支点を後ろに下げるといったより
ボールから時間的、距離的に遠い位
置での制御が必要なのにボールに近
い位置の蹴り足の動きのみで調整し
ようとすると不自然な動作を生んで
しまうことにつながります。

骨盤を後ろに引く調
節を行いながらも
自然と蹴り足を振る
ことで効率良く蹴り
足を加速できる。

過剰に擦り上げる
ように蹴り足を動
かすことで不自然
かつ非効率な動作
になる。

身体を後ろに残しつつ
足首を伸ばし切ってインパクト

こまで、インサイドで蹴る無回転のキックを紹介してきましたが、無回転シュートはインステップでも蹴ることができます。

このインステップ型の無回転シュートの使い手の代表はクリスティアーノ・ロナウド選手です。

無回転シュートを打つためにはボールの下側を斜め上に振り抜くことが必要です。インステップのキックにおいてはボールにロスなく力を加えるために足首を伸ばし切った状態でインパクトします。この時、インパクトの面はすねの角度に一致していると見ることができます。

インサイド型の蹴り方の場合には面が斜め上に向いているような位置でインパクトしていたため、蹴り足の運動方向に対してさらに上方向に力を加えることが可能でしたが、インステップでは運動方向と力の加わる方向が一致するため、ボールに加わる力を斜め上に向けるのはインサイド型の場合より難しくなります。

また、インステップ型ではインサイド型に比べて骨盤を後ろに引くのが難しくなるので、ボールに加わる力を斜め上に向けるための工夫2つが使いにくいことになります。そのため、もう一つの工夫である**軸足を斜め後ろに倒すことで蹴り脚の股関節の振り子の支点を後ろに持ってくることの重要性**が高くなります。

⟫⟫ インステップ型無回転でのインパクトの形

足首を伸ばし切ることで蹴り足のすねとインパクトの面の角度が一致。身体を後ろに残して振り上がる位置でインパクトする。

≫≫ インステップ型無回転のインパクト位置

一般的なインステップキックは靴紐の結び目辺りだがそれよりもかなりつま先寄りにインパクトする。

蹴り足のインパクト位置

一般的なインステップよりも
つま先寄りの位置

イ ンステップキックでは基本的に足の甲の根本に近い位置でインパクトするのが良いとされますが、**無回転を狙う場合にはよりつま先寄りの位置、靴紐の一番つま先寄**りの位置辺りでのインパクトが適しています。

　一般的な足の甲でのインパクトの場合、基本的にバックスピンのかかったボールになることが多いと思い

>>> 足首のスナップと回転

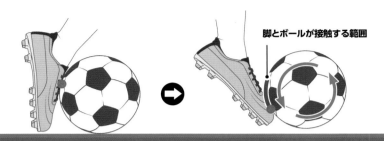

脚とボールが接触する範囲

最初に根本寄りに当てるとつま先で押し込むようになりバックスピンが発生。

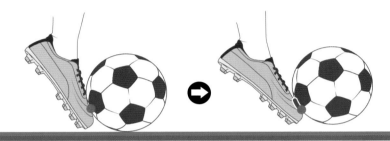

つま先から当てるとスナップが効いても回転はかからない。

ます。その理由は、インステップキックではインパクト時に足首のスナップのような動きが生じるからです。インパクトの位置を足の甲に設定した場合、足首のスナップを入れると足の甲でインパクトした後、つま先でボールの下側を押し出すような動作になります。この時、ボールの中心を下方向に外す向きの力が加えられることになり、これが一般的なインステップキックでのバックスピンを生み出しています。

　一方で、つま先寄りの位置にインパクトした場合は、足首のスナップを利用してもつま先で2度ボールを押し込むような形になり、回転を生む方向の力が加わることはありません。ただし、つま先寄りのインパクトではボールからの衝撃が足首を伸ばす方向に働くので足首がボールに負けやすくなってしまいます。よって、足首をしっかりと伸ばし切れる土台がなければこの蹴り方は難しく、蹴り脚にかかる負担は大きくなるので実際に試合で使うべきかはよく考える必要があると言えます。

まとめ

無回転、縦回転のボールを蹴るには？

☑ ボールの下側に斜め上方向（鋭い角度で）の力を加える

ボールに加わる力を鋭く斜め上に向けるには？

☑ 骨盤を後ろに引く

☑ インパクト位置はインステップとインサイドの間

☑ 身体は後ろに残して自然な振りの途中でインパクト

インステップ型無回転

☑ つま先寄りの位置で足首を伸ばし切ってインパクト

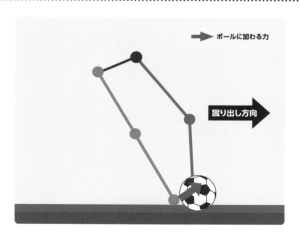

→ ボールに加わる力

蹴り出し方向 →

第6章

カーブの蹴り方

ボールの中心から横に外れる方向に力を加える

横 回転をかけるためのポイントは縦回転やバックスピンなどと同様にボールに加える力の方向をボールの中心に向かう方向から外すことです。つまり、ボールを真上か

ら見た時にボールに加わる力の方向を表す矢印が右または左に外れることがポイントになります。そして、横方向の回転数はボールに加わる力がどの程度、ボールの中心に向かう

OK ボールに加えるべき力

真上から見た図。ボールの中心からずれる方向に力を加えることで横回転をかけられる。

➡ 実際にボールに加えた力
➡ ボールの軌道を決める成分
➡ ボールの回転を決める成分

方向から左右にずれているかで決まります。

　ボールの打ち出し方向、この場合は左右のどの角度に打ち出されるかはボールの高さを決める要素と同様にボールのどこに当てるかのみによって決まります。つまり、ボールの真ん中に当てるとまっすぐ、左側に当てると右方向に、右側に当てると左方向に打ち出されることになります。

ボールにインパクトする位置に関しては、例えば右足で左に曲がってい

くカーブを蹴る時にはボールの右下を蹴るといったアドバイスがされますが、これは蹴り出し方向が左方向にずれてしまうという点で不適切です。また、振り抜く方向を右に外すという意識も相まって横回転が増え過ぎてしまい、回転と速度のトレードオフの関係から遅くてあまり変化しないボールになることも多いです。正しくは、**蹴り出し方向に対してボールの右下ではなくボールの中心を右側に力の矢印をずらすようにインパクトする**ことが必要です。

NG ボールの右下を蹴る(右足)

インパクト位置が横にずれることによりボールの軌道自体が横にずれてしまう。

蹴り足の内側にインパクトして
蹴り足を自然に振る

ボールに加わる力をボールの中心に向かう方向から左右にずらすためのポイントは、**蹴り足の面を蹴り出し方向に向け、蹴り足の運動方向をそこから左右にずらすこと**です。

ロングキックの蹴り方の章 (75p) で蹴り足の内側にインパクトする際には膝のお皿の向きが外側に向くので自然に蹴り足を振ってくると、蹴り足の運動方向は外方向に向いてしまうという話をしました。ロングキックを蹴る際には、横回転をかけたくないので蹴り足の軌道をまっすぐ向けるために蹴り足の股関節を動かすことで調節しました。

カーブを蹴る際には、ロングキックの時と同様に**蹴り足の内側にインパクトするようにしながら、股関節による調節を利用せずにそのまま膝下の振りを出すことによって横回転をかけることが可能**です。

横回転の量は蹴り足の振りがボールの中心に向かう方向からどれだけ大きくずれるかで決まります。横回転が多すぎると速度が落ちてしまい実戦では使いづらいキックになるので、実際にはロングキックの時と同様に蹴り足の運動方向を蹴り出し方向に向ける調節をしながら速度と回転のバランスを取ることが重要になります。

横回転によるカーブの変化は回転数と速度の両方の影響を受けるというのは第1章で述べた通りなので、実際には横回転はそこまで多くない速いボールを蹴るのが有効である場合が多いです。

≫≫≫ 横回転かけるための蹴り足の動き

蹴り足の内側にインパクトすると膝のお皿の向きは外を向く。この状態で膝下を振ると蹴り足の運動は外に向く。ロングキックの時と同様に股関節の動きで外に外れる度合いを調節できる。

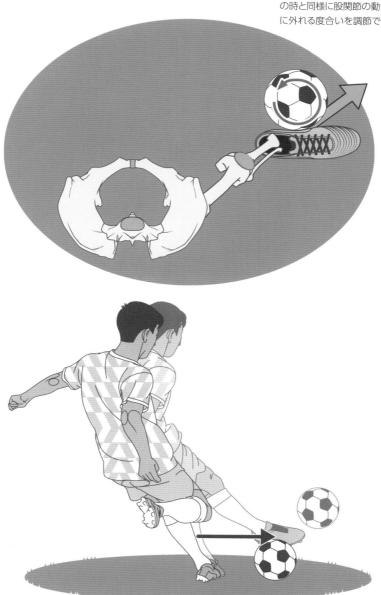

上半身の捻りで骨盤を止め
蹴り足のムチ動作に繋げる

カーブを蹴るためのポイントとして腰を捻るということがよく言われます。そもそも腰の捻りというのが何を指しているかははっきりとは分かりませんが、ここでは骨盤の動きとそれに関連する上半身の動きについて考えます。

第2章でも取り上げた通り、蹴り足を効率よく加速させるためには身体の中心に近い部分から末端へと止めていくムチ動作の利用が有効です。骨盤においても、蹴り足側が前に出ていくように回した上でグッと止めることで太もも以下を効率良く加速することができます。

そして、この**骨盤が回る動きを一気に止めるために必要な動きが上半身の捻り**です。上半身をまっすぐに向けた状態であれば骨盤は数十度ほど回ることができますが、上半身をどちらかに思い切り捻り切った状態になるとそれ以上骨盤を回すことは難しくなります。カーブ系のキックで強調されて見えるような捻りの動きは、この骨盤が回る限界の状態を作ることにより強制的に骨盤を止める働きをしていると考えることができます。

つまり、このような捻りを利用することのメリットはムチ動作を利用できることによる蹴り足の加速であり、カーブ以外の蹴り方にも共通して重要であると言えます。

⟫⟫ 上半身の捻りを用いて骨盤を止める

上半身を捻り切ることにより骨盤がそれ以上回らない状態ができ、強制的に骨盤が止まる。これによってムチ動作が引き起こされる。

身体を後ろに残しながら 蹴り足を外方向に振る

こ　こまで横回転をかけるための方法を解説してきましたが、実際の試合で使うクロスやフリーキックなどの場面では横方向の変化だけでなく縦に落ちる変化も欲しい場合がほとんどです。

この曲がって落ちる軌道を実現するためには、縦回転をかける方法と横回転をかける方法を組み合わせる、つまりボールに加える力を真上から見た時に、ボールの中心に向かう方向から左右方向に外し、かつ真横から見た時にボールの中心に向かう方向から上方向にずらすことが必要になります。より具体的な身体の使い方で言うと、**蹴り足側の股関節を後ろに残せるように工夫しながら蹴り足を外方向に振り抜く**ことになります。

しかし、この時に注意しないといけないのが回転数を増やしすぎないことです。三次元上の運動を捉えることは難しいため、垂直軸と水平軸の回転に分けて考えていますが、実際にはこれらの運動が合わさって起こるので、それぞれの回転を強くかけてしまうと実際のボールは回転数が多すぎてスピードの出ないボールになってしまうことがあります。よって、適度な回転に調整できるように縦回転を増やすための身体の使い方と横回転を増やすための身体の使い方を、バランスをとりながら遂行することが必要になります。

⟫⟫⟫ 二つの軸での回転

真上から見た図。ボールの中心からずれる方向に力を加えることで横回転をかけられる。

➡ 実際にボールに加えた力
➡ ボールの軌道を決める成分
➡ ボールの回転を決める成分

＋

ボールを真上から見た時に力がどれだけ横に外れているかで曲がる方向の変化が決まる。回転数が増えすぎて球速が落ちないように注意が必要。

＝

実際の回転

まとめ

カーブするボールを蹴るには？

☑ ボールの中心から横に外れる方向に力を加える

☑ 蹴り足の内側にインパクトして蹴り足を自然に振る

腰の捻りを利用する？

☑ 上半身の捻りで骨盤を止めて蹴り足のムチ動作につなげる

曲がって落ちるボールを蹴るには？

☑ 身体を後ろに残しながら同様の動きをする

第 **7** 章

低弾道の蹴り方

ボールの中心近くに 斜め下方向の力を加える

地球上のすべての物体には常に重力が働いていて、ボールが空中を運動している間も常に下向きの重力がかかりボールを地面に落とす向きの運動が常に引き起こそうとされています。そのため、地面に水平方向に地を這うように伸びていく低弾道のボールはこの下向きの重力に抵抗する必要があり、この重力に抵抗する上向きの力を生み出すのが

⋙ ボールに加えるべき力

➡ 実際にボールに加えた力
➡ ボールの軌道を決める成分
➡ ボールの回転を決める成分

ボールの中心近くにインパクトすることで低いボールが蹴れる。斜め下向きに外すほどバックスピンが強いボールになる。

バックスピンをかけることによって得られる揚力になります。

よって、**低弾道のキックにおいては打ち出し角度を低くバックスピンをかける必要があります**。ボールを打ち出す角度はボールのどの高さにインパクトするかによって決まるので、低く抑えるキックの場合はボールの中心に近い少しだけ下の位置にインパクトすることになります。

ロングキックの場合にはボールの下側にインパクトするので水平方向、もっと言えば斜め上方向に力を加え

てもバックスピンがかかっていましたが、**中心に近い位置を蹴るこの場合には、斜め下方向に力を加えることが必要**になります。ただし、既に何度か述べている通り回転を増やし過ぎるとスピードが落ち思ったような軌道が得られないことはよくあるので、回転とスピードのバランスをうまくとる必要があります。スピードを増やすことにより少ない回転でも揚力が得られることに加え同じ滞空時間でもより遠くに到達することが可能になります。

軸足を奥に置くことで 振り子の支点を前に持ってくる

蹴 り足を斜め下方向に振るための一つ目の方法は軸足を奥に置いて蹴るパターンです。

蹴り足の軌道は股関節と膝関節を支点とした二重振り子のようになるので、蹴り足が斜め下に動くところでインパクトするためには振り子の最下点よりも手前でインパクトする

▶▶▶ 軸足を奥に置く蹴り方

軸足を奥に置くことで振り子が振り下ろされる位置でインパクトできる。

ことが必要になります。**軸足をボールよりも奥に置くと股関節の振り子の支点を前側に持ってくることが可能になり、振り子を振り下ろす位置でインパクトしやすくなります。**

　これはボールを斜め下方向に蹴ることにフォーカスした蹴り方です。もう一つのポイントであるボールの中心に近い高さを捉えられるようにはさらなる工夫が必要です。この蹴り方では股関節の振り子の支点がボールの真上近くに来るため、インパクト時の蹴り足の高さは低くなってしまいます。この蹴り足の高さを上げるためにはインステップのシュートでつま先が突き刺さらないようにした工夫と同様に、**軸足の位置を横方向に離すことが必要になります。**

　よって、この軸足を奥に置くパターンでの軸足の位置はボールの奥かつ横に離したところになり、この位置でボールの中心を斜め下に振り下ろすようにする蹴り方になります。

≫≫≫ 軸足を横方向に離す調節

軸足の位置を横に離すことで蹴り足の高さを調節できる。

蹴り足の高さを上げられる

蹴り足の高さが低くなる

軸足を真横に置き骨盤を落とす 動きを使って振り下ろす

も　う一つの蹴り方は軸足をボールの真横に置き、ロングキックの時と同様に身体を後ろに残して蹴るパターンです。

ボールに対して斜め下方向の力を加えるには、前頁で取り上げたような軸足を奥に置く蹴り方が理論上は自然なのですが、実際には軸足を置

▶▶▶ インパクト前後の骨盤の動き

骨盤を引き上げた状態からストンと落とすことで蹴り足が振り下ろされる形になる。

く位置を奥にするのは違和感を伴うことが多いです。よって、低くて速いバックスピンのボールを蹴る時にも軸足を真横に置いて蹴る選手も一定数存在します。

この動きのメリットとしては、軸足を真横に置くことの自然さに加えてロングキックの章で述べた減速の体勢を作りやすいので強いボールを蹴りやすいという点も挙げられます。

軸足を真横に置いた上でボールに対して斜め下方向の力を加えるため

のポイントは、**インステップキックで利用した骨盤を引き上げる動きをうまく利用する**ことです。蹴り足側の骨盤を引き上げることで蹴り足の高さを高くすることができますが、インパクト直前にこの引き上げた骨盤を一気に落とすことで、蹴り足の運動を多少斜め下方向に向けることができると考えられます。

蹴り足をボールよりも前の
地面に落としに行くイメージ

トップ選手の低弾道のキックを観察してみるとインパクトの後、蹴り足が地面を擦るように動くことが多いです。

蹴り足の軌道が股関節と膝関節を支点とする二重振り子であるという仮定のもとで考えると、このような蹴り足の軌道が長い時間、斜め下向きから水平方向に保たれるには、振り子の支点自体が運動していることが必要になります。もしも、二つの支点がどちらも動いていなかった場合には蹴り足の軌道は横から見た時に斜め上に振り上げられるようになるはずです。この軌道を生んでいるのが前頁で述べた骨盤を引き上げたところからストンと落とす動きであると考えられます。

とはいえこの骨盤を落とす動きはあまり意識して行える動作ではなく、実践的には蹴り足を落としにいく位置を定めてあげるのが効果的です。例えば、ボールの位置に蹴り足を落とすようにした場合(第8章参照)、蹴り足をかなり斜め下方向に鋭く落とすことになるので、バックスピンが多すぎるボールになってしまいます。

一方で、**蹴り足を落とす位置をボールよりも前に設定した場合、蹴り足の大まかな軌道は適度に斜め下に向かうことになりちょうどよくバックスピンとスピードの関係性を作ることができます。**

このようにして蹴り足を落とす位置を設定してあげると自然と骨盤を上げて落とすような動きが自然と出て蹴り足の軌道も適切なものへと誘導していくことができます。

▶▶▶ 蹴り足をボールよりも前に落とした時の蹴り足の軌道

自然な振りを使いつつ直線的に足を落としに行くとインパクト時にはちょうど良く斜め下に切るような力をかけられる。

**ここに蹴り足を
落としに行く**

まとめ

低弾道のボールを蹴るには？

☑ ボールの中心近くに斜め下向きの力を加える

ボールに加わる力を斜め下に向けるには？

☑ 軸足を奥に置いて自然に振る

☑ 軸足を真横に置いて骨盤を落とす

実践的な意識付け

☑ 蹴り足をボールより前の地面に落とす

第**8**章

ふんわり落とすボール

ボールの下側に
水平方向の力を加える

ディフェンスラインの裏などのスペースに優しく落とすようなボールを蹴るには、滞空時間を長くすることが必要になります。滞空時間を長くするとその分、空中で空気抵抗を受ける時間が長くなるので、ボールが地面に落ちる時にはボールがしっかりと減速し、スペースに真上から落ちてくるようなイメージのボールを蹴ることができます。

▶▶▶ ボールに加えるべき力

ボールの下にインパクトして高さを出しつつ、回転数を増やすためまっすぐ振る。

➡ ボールに加えた力　➡ ボールの打ち出し方向　➡ ボールの回転

滞空時間を伸ばすには、打ち出し角度を上方向に向けることとバックスピンにより揚力を得ることの二つの方法があります。打ち出し角度を上に向けるためにはボールの下側にインパクトします。そして、バックスピンによる揚力を得るに当たっては、球速を上げることと回転数を増やすことの二つの策があります。

これまでのキックにおいては滞空時間を伸ばすことではなく前方向に速く、もしくは遠くへ飛ばすことを主目的に置いていたので、回転数で

はなく球速の方で揚力を獲得するという策を取ってきました。しかし、ここで考えているふんわりしたボールは滞空時間を伸ばし、前方向の運動よりも上方向の運動を強調することがポイントになるので、回転数を増やすことが必要になります。よって、**ボールの下側を地面に水平に、ボールの中心に向かう方向から外すようにして蹴る**ことが必要になります。

第**8**章

▼ ふんわり落とすボール

≫≫ 回転数を増やした時の軌道

バックスピンにより浮き上がる向きの力を強く受ける。空気抵抗が強く、長い時間がかかるためボールが落ちてくる際には垂直落下に近付く。

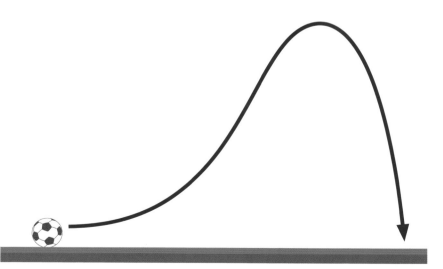

助走で生み出すエネルギーの量で調節する

スペースに落とすようなボールと言っても目的とする距離は様々でしょう。キックの飛距離を決めるのは力を加える方向とインパクト直前での蹴り足の速さです。

力を加える方向を変えるとボールの種類、質自体が変わってしまうのでここでは蹴り足の速さを変えることによって飛距離を変える場合を考えます。

蹴り足の速さを調節する際に多くの人が考えるのは膝下の振りのスピードを調節するなどといった時間的にイン

OK 助走で生み出すエネルギーを調節

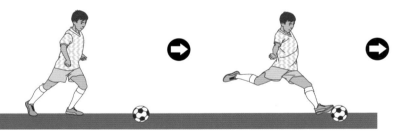

NG 蹴り足の振りで調節

パクトに近いところでの調節でしょう。しかし、この方法ではインパクトがズレるなどの他の問題が起こりやすくなってしまいます。その理由は、キックにおけるエネルギー産生から伝達の自然な流れを阻害することになってしまうからです。

第2章で解説した通り、キックは助走でエネルギーを生み出し、それを増幅しながら蹴り足まで伝達しインパクトでボールに伝える動作です。よって、**ボールに与える力の大きさを変えるにはそもそもの助走で生み出すエネルギーの量を調節する必要があります**。余分なエネルギーを生み出しておいてそれを最後の蹴り足の振りのところで調節する、もしくはエネルギーが不足しているのに最後蹴り足の振りで頑張るというような方法では、無駄な力み、動作が出やすく効率の良い動作とは言えません。

これは他のキックにも言えることですが、飛距離、球速(ボールに加える力の大きさ)を調節するには、助走で生み出すエネルギー自体を調節する必要があります。

自然なエネルギー伝達による動作なので安定しやすい。

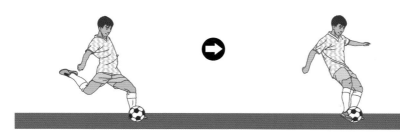

自然なエネルギー伝達を阻害する動作なのでずれが生じやすい。

動作の相対的なタイミングを合わせることで精度が向上

ふわっとしたボールを蹴りたい時、特に比較的近い距離でスペースに落とすようなボールを蹴りたい時、蹴り足の速さを遅くするために動作全体の所要時間を長くしてしまうことがミスにつながる事例がよくあります。柔らかいボールを蹴るために助走もゆっくり入って軸足を置くのもゆっくり蹴り足の振りもゆっくりという具合です。

この蹴り方の悪い点はタイミングを崩してしまっている点です。人の動作には適切なタイミングがあります。気持ちよく蹴れているキックの動画をいくつか撮影して並べてみると蹴り足から軸足への最後の一歩が出るタイミング、軸足を置くタイミング、インパクトのタイミングなどが揃っていることが分かります。これはその人にとってそのリズムが自然な動作を生み出すリズムになっているからです。

ゴルフの打ち方でチャー・シュー・メンと言いながら打つと良いということが言われますが、これもその人のリズムを身体に刻み込むための方法です。**ボールの強さ、飛距離に関わらず動作の相対的なタイミングを合わせることで動作の精度を上げることができます。**

トップ選手がダイレクトのシュートであり得ない外し方をするというのは意外とよくある話ですが、このようなミスのほとんどは動作のタイミングがずれてボールを待ち過ぎているような状態になっていることが原因です。

▶▶▶ ゴルフの例

スイングに合わせてチャーシューメンと口ずさみながら打つ練習方が有名。これは動作のタイミングを取るのに有効。

▶▶▶ キックのタイミング

球種や強さによらず、蹴り足離地、軸足接地、インパクトの3点のタイミングを合わせるのが重要。

蹴り足を止める？

蹴り足の振りが斜め下に向くことで速度低下、回転増加

ふんわりしたボールを蹴るためにはインパクトした瞬間に蹴り足を止めるべきということが言われます。まず、蹴り足を止めているということはインパクトの瞬間、蹴り足は減速していることになるので、振り抜く場合に比べて当然球速は落ちることになります。よって、球速を落としたいという狙いがあるのであれば蹴り足を止めるような蹴り方は有効である可能性があります。

もう一つの蹴り足を止めることによる効果は、インパクトの瞬間の蹴り足の運動が斜め下方向を向きやすくなるという点です。蹴り足を止める時、垂直方向の速度は蹴り足を地面と衝突させることにより簡単になくすことができます。一方で水平方向は摩擦だけでは止まりにくく自分で止める必要があるため、インパクト直前の蹴り足の速度を考えると垂直方向のみが残りやすく蹴り足の運動方向は斜め下に向きやすくなりま

す。これにより、よりボールを切るような動きになり、ボールの中心に向かう方向から斜め下に向かうような力の加え方ができ、より速度を抑えて回転を増やす滞空時間を伸ばすための蹴り方ができるようになると言えます。

よって、**蹴り足を止めるような蹴り方は回転数を増やし、速度を落として蹴りたい場合に適した蹴り方である**と言えます。ただ、絶対的な球速を決める貢献度は助走で生み出すエネルギーの方が大きいので、助走での調節が重要であることには変わりがありません。

≫≫≫ 蹴り足を止める際の運動方向

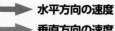 水平方向の速度

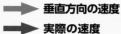 垂直方向の速度

実際の速度

水平方向の速度のみ落
とすと、蹴り足の運動
はより斜め下に向く。

まとめ

ふんわりしたボールを蹴るには？

☑ ボールの下側に水平方向の力を加える

飛距離を調節するには？

☑ 助走の強さで調節

➡ 蹴り足を振る速さで調節すると不自然な動作でミスが増加

実践的な意識付け

☑ 蹴り足を止めるようにして回転数を増やす

樫本芹菜
（かしもと・せりな）

1993年、広島県生まれ。藤枝順心高校（静岡）では主将を務め、在学中は世代別代表に選出。U-17ワールドカップ準優勝メンバー。 高校卒業後は渡米し、大学でスポーツを多角的に学ぶ。ブンデス（ドイツ）でのシーズンを挟み、帰国後はマイナビベガルタ仙台レディースに加入。現在はなでしこリーグのスフィーダ世田谷FCに所属してプレーしている。

時之栖スポーツセンター
https://tokispo.com/

裾野グラウンド
〒410-1105 静岡県裾野市下和田420-12

時之栖グラウンド
〒412-0033 静岡県御殿場市神山719

おわりに

　本書は正しいキックの蹴り方と銘打っていますが、実際には絶対的な正しいキックなど存在し得ないというのが僕の考えです。

　良いキックというのはその選手の身体の使い方などの特徴によって変わってきますし、同じ選手の中でも試合における状況、目的、戦術的に求められるものなど様々な要因が影響して決定されるものです。

　実際、最近の若手選手とベテランの選手では蹴り方の傾向が異なりますし、10年以上の前の選手と比べるとなると蹴り方は大きく変わってきています。

　これはキックという一つの技術においても現代サッカーの目まぐるしい変化に適応してきた結果であると考えています。

　そのため、キックを本当の意味で上達させるためには、ピッチ上で求められるものを実現することを目指してそれぞれの形を模索することが必要です。

　本書で敢えて根底の理論、考え方に内容を絞ったのは、皆さんがそれぞれの形を模索する上での

最初の一歩のきっかけを提供するためでした。

　かく言う僕も現代サッカーで求められるキックとはどのようなものかを日々模索している内の1人です。

　また、良いキックというのが簡単に定義できない以上、科学で介入できる範囲にも限りがあるのは確かです。

　そのため、力学の知識や基本的な科学の知見を最大限活用しながら最後はそれぞれがいわば独自理論を展開していく必要があると考えています。

　本書の内容は2023年時点での僕独自の理論です。

　自分自身、キックについて益々理解を深め、理論をさらにアップデートしていきたいと考えているので何か疑問やご意見があればどこかでお伝え頂けると幸いです。

　キックは、他の野球やゴルフなどのスポーツの技術と比べて技術論のようなものが語られることが少ないと感じます。

　そのような議論が活発になって、日本サッカーを前進させることが僕の目標です。

　本書が良いキックとは何かという問いに対して単一の答えではなく、根拠ある様々な解釈を生むきっかけになれば嬉しく思います。

　最後までお読み頂きありがとうございました。

田所剛之

著者

田所剛之
（たどころ たけゆき）

東京大学でスポーツバイオメカニクス
を専攻する傍ら、東京大学ア式蹴
球部にてフィジカルコーチも務めた。
在学中にキック専門トレーニング
Kicking labを創業。
現在はキック専門コーチとしてプロ選手、
アマチュア選手問わず指導している。

STAFF

- ●編集協力　　多聞堂
- ●デザイン　　三國創市
- ●イラスト　　庄司猛
- ●写真　　　　Getty Images・天野憲仁（日本文芸社）

東大卒キックコーチが教える
本当に正しいキックの蹴り方

2023年4月20日　第1刷発行
2024年4月20日　第6刷発行

著　者	田所剛之
発行者	吉田芳史
印刷所	株式会社 文化カラー印刷
製本所	大口製本印刷株式会社
発行所	株式会社 日本文芸社
	〒100-0003　東京都千代田区一ツ橋1-1-1　パレスサイドビル8F
	TEL 03-5224-6460（代表）

Printed in Japan　112230411-112240412Ⓝ06（210109）
ISBN978-4-537-22078-0
URL https://www.nihonbungeisha.co.jp/
©Takeyuki Tadokoro 2023
（編集担当：松下）